日本居住福祉学会
居住福祉ブックレット
16

居住福祉の世

早川和男対談集

隅谷三喜男・山田洋次
小田 実・古屋和雄・西橋正泰

東信堂

はじめに

ホームレス、ネットカフェ、個室ビデオ、ワーキングプア、ニート、パート労働者等々の実態を見ると、根底に住まい＝居住保障の不在のあることがわかる。契約社員が仕事と住居の両方を失う事態もふえているが、わが国では長い間、住居の確保が社宅や官舎など雇用とむすびつき、西欧諸国のように政府が公的に国民の住まいを保障し快適な居住地を形成するという住宅政策の役割への理念も実践も希薄であった。その矛盾がいま噴出している。

高齢者の自立生活・介護福祉サービスの困難、孤独死、親・隣人・子どもの間、行きずりの犯罪(加害・被害)等々の背景にも、住居の劣悪さ、居住不安、コミュニティの喪失等々が横たわっている。

いま日本人は、住まいの貧困によって、生存と生活を根底から脅かされている。積年の居住政策不在のつけと言うべきであろう。

「安居楽業」（安心して生活し生業を楽しむ）は紀元前二世紀の中国の故事で、暮らしと政治の根幹というが、現在のわが国ではこの両方への認識も実践も欠落している。これでは、生まれ育ったこの日本という国に安心して住み生きつづけていけない。

私は「安居楽業」の日本版、「居住福祉」という考えを提起し、安全で安心できる快適な住居は、日々の暮らしや健康、高齢者・障害者の福祉や子どもの発達、文化や社会の基盤であり、それは人間の生きる権利＝基本的人権である、という考えを主張しつづけてきた。だが、住宅は個人の甲斐性という政府のマインドコントロールに染まった人々、そしてマスメディアを含めて社会一般には容易に浸透しない。

いつまでもそういう事態を見過ごしているわけにはいかない。そういう考えからいくつかの本も書いてきたが、本書はそのことに深い関心をもって下さっている方々との対談である。話はいずれも、私が考えている以上に弾みふくらみ、私自身、勇気づけられもした。題名を『居住福祉の世界』と称したゆえんである。

隅谷三喜男・東京大学名誉教授（社会政策・労働問題）は、社会保障制度審議会会長として総理大臣への勧告（一九九五年）の中でこう書かれた。

「わが国の住宅は社会における豊かな生活を送るためのものとしてはあまりにもその水準が低

い。それが高齢者や障害者の住みにくさ、社会福祉や医療費を重くしている一因である」、「日本の住宅政策には社会保障の視点が著しく欠けている。それが、高齢者・障害者の住み易さを阻害している」。

そして、「些細な事故によって容易に貧困に陥るおそれへの対策」の必要性を強調されている。それは、この国に安心して住めること＝居住保障政策の確立であり、「居住福祉」の核心である。だが、政府は「勧告」を無視し、当時の村山首相は震災被災者に対してさえも、住宅は個人資産とみなし政府は援助できない、と言い放った。震災後一四年を経ようとしているとき、孤独死や自殺が続いている背景でもある。

山田洋次・監督との対談はかなり以前のものだが、いま読んでも新鮮である。いつも流浪の旅を重ねている「寅さん」だが、ふらりと帰ってくる居場所が葛飾柴又にある。その団子屋をかねた佇《たたず》まいや地域の人たちが寅さんの人生を支え、ゆたかな人間性をつくっている。

映画『息子』の老親・三國連太郎の故郷への郷愁は多くのお年よりも同じ思いでもあろう。「限界集落」などのレッテルを貼って、生まれ育った地域から人をはがす考えは「生きる」「地域で暮らすこと」ことへの認識の不足である。この日本のどこに住んでも安心して生きていける政治が必要である。

対談の中での「寅さんの老後はどうなるのか」は、日本社会に向けての山田洋次さんのメッセージでもあろう。

作家の小田実さんは、阪神・淡路大震災による大勢の死傷者、そして生活再建の希望をもてぬまま死に追いやられていった被災者と彼らを救わぬ中央・地方行政の無責任、無為無策に接し「これは人間の国か」と喝破された。その思いがこの対談にも溢れている。

「絶望は死にいたる病である」(キルケゴール)とは、被災者救済を放置された人々の置かれた共通の思いであったろう。

それに対し小田さんは「市民・議員立法＝被災者生活支援法」成立運動の中心となられたが、震災経験をもとにした防災のまちづくりへの文学者としての遺言でもある。

NHK「ラジオ深夜便」での古屋和雄さん(NHKアナウンス室専門委員)、西橋正泰さん(同ラジオ深夜便アンカー)との両対談では、ともに建築学を学んだ私が住居に目を向けた動機などを多面的に語ることができたのは有り難かった。

神戸に住む私にとって震災の最大の教訓は、禅で言う「平常心是道」＝日常の市民のための行政が防災につながるということで、行政の対応は震災前からそれが徹底的に欠けており、「大震災」につながる大きな要因であった。対談の中で古屋さんは「町そのものに命を守る安全装置がある」

と表現されたが、「平常心是道」「居住福祉」そのものの考えを端的に言い表して下さった。西橋さんとの対談では、建築学出身の私が、住宅問題や居住福祉という考えにいたる経過をさらに詳しくのべることができた。また、「日本居住福祉学会」や「東アジア居住福祉宣言」の全文を紹介させていただくことができたのは、この学会への理解を深める意味でも有意義で、有り難かった。

このような考えがメディアを通じて拡がることを願わずにおれない。その機会を与えられたお二人に感謝したい。

ここにある思想や政治・政策の理念は、現代日本社会の土台を揺るがしているとも言える「貧困」「格差社会」「生存難」解消の王道であると、私は考えている。

目　次／居住福祉の世界：早川和男対談集

居住福祉の世界：早川和男対談集

一、社会保障の中の居住福祉

隅谷三喜男
（東京大学名誉教授）
早川　和男

早川　世の中にはいろんな学問がありますが、住居に関わる分野は少数派でありまして、それも建築学や家政学が中心で、社会科学系の専門家は少ない。日本居住福祉学会は、多方面の専門分野の方々の協力のもとに誕生しました。隅谷先生のような方に住居の問題について発言していただくのは非常に心強いです。

住宅政策の改革を指摘した社会保障制度審議会答申

早川　それで、今日は居住福祉学会の顧問をお引き受けいただいた隅谷先生からいろいろお話を伺うのですが、どうしても隅谷先生においでいただきたいと思ったのは、一九九五（平成七）年七月四日、先生が会長をされている社会保障制度審議会が、「社会保障体制の再構築に関する勧告――安心して暮らせる二一世紀の社会を目指して」という勧告を村山富一内閣総理大臣に出されました。その中で非常に強い調子で日本における住宅の取り組みの遅れを指摘しておられることからです。少し読ませていただきます。

「住宅・まちづくりは従来社会保障制度に密接に関連するとの視点が欠けていた。このため、高齢者、障害者等の住みやすさという点からみると、諸外国に比べて極めて立ち遅れている分野である。今後は可能な限りこの視点での充実に努力を注がれたい」。

「わが国の住宅は社会における豊かな生活を送るためのものとしてはあまりにもその水準が低く、これが高齢者や障害者などに対する社会福祉や医療の負担を重くしている一つの要因である」。

私は社会保障制度について勉強してきたわけではありませんが、政府関係機関に日本の住居の立ち遅れに対する意見として、また住宅は社会保障の基盤であるということを明確に指摘した文章を見るのは初めてであります。今日は、最初にこういう勧告を出された思いをお聞きしたいと思います。

隅谷　審議会というのはだいたい役所の必要があって設けられています。役所のほうでいろいろ問題がある、そこで問題を整理して審議会にこういうようなことが問題になっているのでご意見をください。けれども、ご意見をいただきたいというようならいいのですけど、役所のほうで判断するのです。長年仕事をしてきたのですから、役所の展開としてはこういうことが問題だと思うけれども、このことについて皆さんの意見をもう少しお聞きしたいということで、審議会は答申というのを作って役所に出します。答申文というのを作るのはお役人です。審議会というのは九九％役所が作文をして、これでよろしいでしょうか、といって多少審議会で直してということもあるでしょうけど、それでOKということになります。だいたい、役所が問題を提起してその答えも役所が出しているんです。

役人が書かない唯一の答申

隅谷　ところが、社会保障制度審議会というのは、ただ一つ例外的な審議会でありまして、勧告権というのをもっている。他の審議会は、審議を問われたことについて答申する。ところが社会保障制度審議会は、大内兵衛という先生が初代会長なのですが、この先生や初代の審議会のメンバーはうるさかった。われわれに勧告をする権利を与えよ、そうでなければ意味がないというので、内閣でまあ仕方ないな、社会保障制度審議会だけは勧告権を与える、ということになった。その勧告権ができまして、一年目に社会保障制度審議会は批判的な勧告を示した。社会保障制度審議会は一九五〇年に戦争が終ったとき以来初めて勧告なるものをした。その勧告がもとになって、日本の社会保障制度というものが本格的に機能するようになった。それから六〇年ごろになりまして、日本経済が急に発展しましたね。発展したのでその状況に応じたように社会保障をもう一度考えた方がいいということになって六〇年勧告で、勧告を出しました。

そのころはあんまり勧告らしいものがないですね。次から次に政府の方がこうしたいのですがどうでしょうか、審議をしてくれという要望が出てきて、それにしたがって議論をするようになりました。それでも一つだけ特徴的なのは、答申を書くのは普通お役人でそれを多少直すのですが、社会保障審議会はできて以来答申は全文委員が書きました。役所の書いた答申ではございません。それだけ、独自性を持ってやろうという意気込みでやりました。歴史的なことで興味を持たれて、今までどんなことを議論したのかなあというようなことで、『社会保障政策五〇年史』というものが出ています。いろいろな議論が書いてあります。

そういう意味では委員の方々の責任もなかなか重かったのですが、委員の中には副知事さんもいて、ちょっと言いにくいのですが、これ専門学校のようなものじゃないのですが、勉強させられたと言っていました。そういう関係でした。私は八年のところでやめると言ったのですが、もうちょっととと言われ、一二年も会長をやっておりました。そこで、最後も二晩くらい泊り込みで委員と大議論をして、社会保障体制の再構築という勧告を出しました。当時も社会福祉学会というのがありますが、そういうところでも居住福祉のことまであまり見かけないと思うのですね。そういう中で、私どもの審議会は大議論をいたしました。社会保障審議会には国会議員が一〇人委員になっていましたが、この年の勧告は議員さんは来なくていいよと言い、社会保障の専門家としての性格をもった人だけで作りました。

住宅政策は社会保障の基盤

早川　いま、大内先生の話が出ましたけれども、一九六二（昭和三七）年の大内委員会勧告はこれがまた住宅政策は社会保障政策だということを非常に明確に指摘されています。

たとえば、「我が国の住宅難は国民全体の問題である。これに対する国の施策が不十分であるうえ、（中略）とくに国の住宅政策は比較的収入の多い人の住宅に力を入れているので、自己の負担によって住宅をもつことができず、公営住宅を頼りにするよりほかない所得階層の者はその利益にあずからない。これでは社会保障にはならない。住宅建設は公営住宅を中心とし、負担能力の乏しい所得階層のための低家賃住宅に重点を置くよう改めるべきである」と。厳しい意見ですね。

政府はなぜ勧告を受け入れないのか

早川　審議会として唯一委員がお書きになったということですが、この大内委員会のころからこういう勧告が出ている。それにもかかわらず、なぜ政策に反映されないのですか。

隅谷　結果的に言えば、問題点を指摘したのですが、それは他の審議会の場合には役所のほうが「大体こういうことをしようかな、と思うのだけれど審議してくれ」、とこうくるのですね。われわれのほうは、役所のほうがあまり考えてないけれど、問題があるところについて、役所に帰って、役所のほうがその問題を改めて考えなくてはならない。

早川　しかし、これは単なる答申でなく「勧告」です。

隅谷　そうです。

早川　しかも総理大臣に対して。それにもかかわらず、聞き入れない。

隅谷　聞き入れる能力がない。

早川　何を言われているのか、理解できないのでしょうか。隅谷委員会の勧告にはこうも書かれています。

「社会保障の均衡を図るためには些細な事故によって容易に貧困に陥るおそれのあるものに対する施策を充実する必要がある」と。

現在、リストラにあったり倒産したり病気やケガなどでホームレスに追いやられたりする人がふえています。そういう場合でも安心できる住居さえあれば失業保険や年金でなんとか生きていけるのですね。しかし、住むところがなければ直ちに路頭に迷います。そういう指摘を勧告として出されているのだと思います。先ほどのお話の中で、社会状況が変わったのに社会福祉の構造が追いつかないというご指摘がありました。居住の安定は社会保障の基盤と思うのですが、その点隅谷委員会の勧告は的確に問題の所在を指摘されていると思います。

隅谷　この審議委員会というのは私が会長であったときに開かれた隅谷委員会ということです。社会保障に関する審議会というのは非常に一貫している。委員の大半はずっとこの両方にまたがって委員になっております。先ほどお話したように、この四、五年の社会の体質は大きく変化している。高度成長のときは、政府は一生懸命になって、成長する方向についてこうやれとか何とか言って、勧告したり協力したりする。その時代に脱落していく方が出てくる。ちょっと追いつけない。そういうのはどうしても見落されてしまうのですね。ですから社会保障としては、そういうこともちゃんと目が届くように考えてやってもらわなければ困りますよというのが、この勧告です。

ですから、われわれがやったときはもう一つ先の問題、つまり社会が大きく変わろうとしているとき、どうしても大きな欠落部分が生じる。うまくいかないものがどうしても出てしまうのですね。社会保障はそのことを気をつけなくてはだめですよ、ということを、これは二回目の勧告ですね。

公衆衛生は救貧対策の基盤

早川　もう一つこれに関連して公衆衛生についての勧告が出ています。

「公衆衛生は救貧対策の基盤となり、かつ、今後全ての層に対し健康な生活水準の上昇力となる。これは個人の力では十分でなく社会が一体になって行われなければ効果をあげることはできないものであるから、社会福祉と並んで尊重されるべきである」と。

いま生活習慣病とかいろいろ指摘されており、日常的な食生活の改善や運動などの個人的努力が大切であることは間違いないのですが、そういう風潮のもとで社会的に健康を維持したり、福祉の基盤を作るという視点が薄れている。どこかに追いやられているのではないか、という気がします。現実に、大学の公衆衛生についての講座がどんどん減っております。保健所なんかも、減っていますね。個人の医療とか福祉サービスが必要なのは言うまでもありませんが、健康や暮らしの基盤としての居住の安定、公衆衛生の充実、という視点が後退している。ですからこの勧告も非常に重要な点だと思えるのですが、この点はどのような議論が行われたのでしょうか。

隅谷　こういうことをあえて勧告しようということなのですね。ということは、政府が、何といいますか、よく言えば気がつかない、ネグレクトしていることについて、しかしこれは大切ですぞ、ということを社会保障について、なにも厚生省か何かからこういうふうに言ってくださいよとか、頼まれたわけではないのですが、審議会の中で、公衆衛生というのは、一般の審議会の審議対象にならない、社会保障の中でもそういう分野を専門とする人は委員になっても出てこない。それとどうしても担当の厚生省が取り上げない。だから、公衆衛生というのは一体どこが責任主体かはっきりしない部分もあるのですね。そういうところが比較的ネグレクトされてしまう。しかし、広い視野で見れば公衆衛生というものは本当に大切ですよ、ということをここで改めて言わざるを得ない、というのが社会保障の使命だ、とこういうことです。

早川　住宅とか公衆衛生は社会保障の基盤であると認識されているわけですね。にもかかわらず勧告している総理大臣に聞く能力がないとすれば誰が受け止めるのでしょうか。

隅谷　総理大臣に会いに行きまして、こうこういった勧告をしましたよ、だから、総理大臣として責任をもって対応をしてください、というふうに言いました。このときは大内先生でしたから、私は大内先生のお供をして、総理大臣に会いに行ったことはありますが、「はい。わかりました」とか言って、本当にわかったのか（笑）。

多少、厚生省なら厚生省を呼んで、気をつけてやってとかは言われたのだと思いますが、あまり体制的に受け止めるというようにはならない。体制がないところについて言っているわけですから。責任主体がある分野については役所は一生懸命やるのですが、そういう官庁組織の中で欠乏している部分があるのですね。そういうところが社会的に大きな問題になるというので、幹部にこういうところがあるんじゃないの、と言うと、ああそうだなと言いますが、役所の方にしたら自分の管轄のところじゃないのですね。だから頭に入らないのですかね。

戦後復興の西洋と日本の違い

早川　ありがとうございました。大内・隅谷委員会の勧告によって住宅が社会保障政策として取り組まれておれば、日本人の生活と福祉はずいぶん変わっていただろうと思います。審議会についてはこれで終りたいと思いますが、問題はどうして日本政府はこのように住居について無関心でありつづけたかです。日本の近代化の道筋が「富国強兵・殖産興業」で、西洋諸国が住宅保障と公衆衛生を両輪にした都市づくりに取り組んだのと対照的です。たとえば一九〇九年にイギリスで都市農付計画法が提案されるときJ・バーンズ地方自治庁長官はこう言ってます。

「この法案提出の目的は全体的な社会的環境が改良されるための社会的条件を作りだすことにある。この法案は、健康な家庭、美しい住宅、快適な町、威厳のある都市、健康的な郊外地を作り出すことを目的としている」と。

また第二次大戦ではアメリカを除いてすべての参戦国は都市を破壊され、大量の住宅を失なったのですね。それで戦後、旧西ドイツのアデナウアー首相とか、英国のアトリー首相などの議会演説を読んでみると、共通して「国土の復興は住居の復興から」と言っているのですね。ところが日本は、土地と住宅を金儲けの手段にする。これは、一体どのような政治構造からきているとお考えでしょうか。

隅谷　ご指摘のようにイギリスでは一九〇九年、それまでロンドンはひどいものであったが、スラムの調査などが出てきました。相当ひどいものでした。ですから、一九〇九年に基本的に考え直さなくてはいけないのではないかということが問題になり、それからもう一つ、決定的な違いと思いますことは、戦争が終って一〇年くらい経ったときに、ドイツもそうですがイギリスは戦争で破壊された建物がそのまま残っているのですね。日本は爆撃されて焼けてなくなってしまうのですね。原っぱになってしまったわけです。ところが、ヨーロッパの建物は石造りですから爆撃されても、建物がずっと残っている。火事になっても、まあくっついているものがちょこっと燃えるだけで、その残骸として残る。

ですから、住宅政策の考え方がヨーロッパなどと日本は違って、国の基本的住宅政策とかっていうのはあまり表立って出ない。家をどんどん建てる。ロンドンなんかは、なかなかそれができないのですね。二〇年くらい経っても爆撃された石なんかはそのままになっている。住宅ばかりでなく、寺院もあまり改築されないでいる。ですから、住宅問題というのは相当な腹を据えてかなりの長期計画で新しい都市づくりをしなければならない。都市問題としての取り組みですね。

早川　建築様式の違いや焼跡の違いというのもあると思いますが、たとえば一九四五年から七八年までの間にイギリスで建設された総住宅戸数の五八・六％は公営賃貸住宅です。その半数以上は３ＬＤＫで広さは家族構成による。家賃は収入の六分の一以下と決められました。旧西ドイツは約四割が無利子、一〇〇年返済の資金による社会住宅でした。だから、これらの国では失業すると家賃が下がるから年金や失業保険でなんとか暮らせる。住居のナショナルミニマムが国家の手で保障され、国民の生活再建が可能になった。福祉国家の基盤は住宅保障によって成り立っているのではないかと僕は思うのですね。

日本はなぜ戦後の復興を住宅から始めなかったのか、炭鉱などの産業復興を中心に据えたために住宅はほったらかしになった。こういう、戦後復興の違いはどこから出てきているのかなあと考えるのです。単なる政治の姿勢問題だけなのか、この辺はどのようにお考えですか。

隅谷　ヨーロッパの場合には住宅というのを建設業者かなにかが気安く作るというようにはいかないのですよ。ところが日本には、社宅というのがありますね。ヨーロッパには社宅というのはないですね。これは企業の理念というのがまた違っていて、従業員の家庭のことについてもある程度の保護ができる。だいたい日本の賃金制度は、年功賃金ですね。どんどん年をとり子どもが大きくなれば、食べることがなんとかできるようになる。これは日本の賃金制度であり、雇用制度である。だから、住宅は社宅というものを作る。外国では、公共的な施設として住宅は考えられている。しかし日本は、社宅です。

早川　そうですね。生活も福祉も住宅も、企業まるがかえによる恩恵的労働力の拘束ですね。すべてを個別企業内で解決しようとします。西欧諸国のように社会政策として取り組みませんでした。ですから、企業の格差によって住宅条件にも大きな差が生まれました。しかしいまは企業まるがかえというのは難しくなって持ち家融資に変わっています。戦後の労働運動は、賃上げが中心ですね。けれども、いくら賃上げしても家の値段や家賃が値上がりすれば何もならないわけです。一生ローンに縛られ、遠距離通勤をしいられ、ローン破綻です。持ち家政策というのは労働運動にボディブローのように影響を与えているのではないかと思います。

社会保障の研究が遅れている日本の国立大学

隅谷　いま言われたようなことに関しては学問のあり方も関係あると思いますね。この会場の中の大部分の方は大学とか研究機関にいると思いますが、日本の学問体系は非常に深刻な問題を持っている。というのは、国立大学には、社会保障という学問の科目がありません。福祉の問題は福祉大学がやれとかいうわけで、福祉もないのですが、そもそも社会保障という学問が一般の大学にはないのです、日本には。おかしな話です。文部省が作ろうとしないのですが、文部省には言い分がありまして、大学から申請がない、大学でうちには社会保障論がないから作ってくれというのは法学部ですよ。だから、社会保障というのは法律の先生はたくさんいるのですよ、大学の法学部には社会保障の講義がある。ところが経済学、社会学には社会保障論というのは、ありません。

それで作らなければいかんなあと思って、作りかけたところで大学が紛争になってしまいまして、いまになっても、社会保障論の講義をしてくれという大学がないのです。というのは、大学に研究者がいない。日本では社会保障の研究が一番遅れているのは国立大学ですよ。で、私立大学にしかなくて慶応なんかは比較的早くに始めたと思いますよ。社会保障論の専門の先生が国立大学にはいないんですよ。それが今日の非常に深刻な問題です。皆さんで頑張ってやっていただきたい。

早川　学問や大学が社会の課題に応えない、応えようとしないということですね。

隅谷　社会保障という言葉もですね、外国にはドイツにありません。使われていない。社会保障論はなかなか大きな領域なんですが、なにせ研究者は独立しないという問題はあります。

早川　現代社会ほど学問のあり方が問われている時代はないと考えています。それで私の師であった西山夘三先生とたえず学問・学者のあり方について議論し本にもまとめました（西山・早川『学問に情けあり——学者の社会的責任を問う』大月書店、一九九六年、新版『権力に迎合する学者たち』三五館、二〇〇七年）。

隅谷　私は社会政策で労働問題を講義してきたんです。社会福祉研究をやりたいんですよ。その意味ではむしろ社会観っていうことを論議して、そして手を伸ばして社会福祉のようなことをやりたいというように。

早川　話がそれるかもしれませんが、北欧なんかに行きますとソーシャル・ウエルフェアという言葉はタブーだというのですね、アメリカもそうです。施しの意味が強いといって使わない。かわりにソーシャルサービス、ウエルビーイング、そして生活の質を向上させるというクオリティ・オブ・ライフの概念が中心になっています。生存権の保障や生活の質の向上の保障が社会保障・社会福祉の課題という視点に立てば、さまざまな学問的課題が出てくると思うんですね。日本の社会政策はそういう方向に向かおうとしているんでしょうか。

隅谷　やはりこの国では経済的なものが一番ですからね。それと関係なしに社会福祉に関わるというのは資金もかかりますから。やっぱり経済的な条件とどういうふうに絡み合いながら展開できるか、誰が負担したらいいか、そういうことを考えなきゃいかんのです。それからどういう社会的な意味を持つのかなども問わなくちゃいけない。さあどういうふうにすればいいかな……。大いに声を上げてやっていただきたい。

居住福祉学会への期待

早川　勧告ではまたこんなふうにもお書きになっています。「実質的には住宅問題であるものが福祉の問題として対策を迫られている事例もあり、生存と生活の基盤である住宅について、福祉との連携を重視した住宅政策の展開が不可能である」と。

いま、医療費の個人負担や介護保険料や消費税を上げるなど論議されていますが、どれも高齢化社会に向けての後追い的な対策ですね。病気にならない、福祉サービスを必要としない、自立して健康に生きられる社会基盤づくりが必要で、それが住居保障と考えているのですが。

隅谷　勧告はかなり基本的なところに立ち入って、その点をきちんと考えてくれなくては困ると……。それだけの勧告でやめちゃったんですよね。

早川　私どもの学会でも顧問としてこれからもアドバイスをいただきたいと思います。

隅谷　そうですね、居住福祉学会なんかも大いに頑張ってやっていただきたい。

早川　問題提起と研究成果を社会にアピールしていかないといけないと考えています。ところで社会保障制度審議会がなくなったんですね。

隅谷　審議会自体がなくなりました。

早川　それはどういう考えからですか、政府の……。

隅谷　いまでも社会保障のことをやる審議会はなんとか組織としてはあるんです。ありますが、前ほど勧告権を持ってるとか何か胸張って言えるような状態じゃなくて、政府が何か言ってそれに答えるというようなのになってしまいました。

早川　長時間にわたって貴重なご意見をありがとうございました。この機会にいままでの話の脈略で隅谷先生に質問をお受けいただけたらと思います。

井上英夫（金沢大学教授・社会保障法）　国立大学で社会保障の科目がないとおっしゃられて、確かに全体としてはそうかもしれませんが、金沢大学経済学部には社会保障論があります。法学部で私が社会保障法を担当して、社会保障法学会は会員が五五〇人を超えました。そういう意味では、やや研究の状況が進んではきていると思いますが、経済学と法学と少なくとも私のところでは経済学部と法学部で一緒に共同研究をして、社会保障を発展させようというふうにやっています。しかし、経済学部にそういう科目がないというのは、東大が悪いんじゃないかと。

（会場の声）……京都もだよ！

隅谷　ついでに言わせていただくとですね、社会福祉法の学会も社会政策学会も住居の問題をもっと取り上げてもらわないと困りますね。何を議論されてるのか、知りませんが（笑）。

井上　社会保障法学会も持続問題の山積みですから。いま社会保障法学会で講座を作ってます。全六巻でこの秋に発売しますが、その中の一巻を住居にはできなかったんですが、第五巻に公的扶助と併せて居住ということで構成して入れました。

早川　最後に、ひとつ憲法がらみでお話を伺いたいんですが。いま憲法改正が議論になっていますが、護憲派と言われている人たちの関心事は九条に集まっていますね。確かにそれは大事なことだと思います。しかし人間にとって最も基本的なことは二五条の生存権ではないかと思います。そして安全に安心して住むことは生存権の基礎だと思うのです。日本の実状を見ますと、戦後の市場原理の住宅政策のもとで、一揺れきたら潰れて死ぬという住宅が全国に累々とあるんですね。阪神・淡路大震災の犠牲者もほとんど全員が家が潰れて亡くなっています。生存権の基盤は住宅保障だと思うんです。隅谷先生は憲法問題にも関わっておられると伺っていますが、護憲の視点からもぜひ取り上げていただきたいと思います。

終りに居住福祉学というのは、保健・医療、法律、経済、社会政策、福祉、建築、町づくりなどきわめて多分野にわたります。たとえば町並み保全はコミュニティを守ることになるんですね。コミュニティを守るというのは福祉を守るということですから。住居は生存の基盤であり暮らしの器ですから、子どもからお年寄り、健康すべてに関わっていて超学際的にならざるを得ないのです。

隅谷　ただいまのお話に関連して一言だけ申します。私はアメリカにも結構住みましたし、イギリスにもかなり住みましたが、おかみさんみたいな人が来てこの人は私の家に住むことになったからね、とか、この人は家に住んでお宅に買い物にも来るからよろしく頼む、そういうコミュニティがあるわけです。それは日本は戦後コミュニティは崩壊しました。これもまた住宅との関連ということになりますが、ぜひ頭に入れておいていただきたい。

早川　今日は大御所においでいただきましてありがとうございました。ついでにご存じない方に申し上げておきますと、五味川純平『人間の条件』(三一書房）の主人公のモデルは隅谷先生です。

隅谷　いやいや、それは(笑)。

（隅谷三喜男先生は、二〇〇三年二月二二日、逝去されました。慎んでご冥福をお祈り申し上げます)。

本稿は、二〇〇一年六月二日、法政大学で開催された第一回日本居住福祉学会総会で行われた公開対談の記録です。
初出：『居住福祉研究』第一号。二〇〇三年五月一〇日

二、寅さんの住居論

山田　洋次
（映画監督）
早川　和男

早川　寅さんは流浪の民と言いますか旅ガラスの生活ですね。しかし、柴又に帰る家があって身内が温かく迎えてくれるし、いつも変わらない見慣れた風景がありますね。だからああいう生活ができるのかなあと思ったりしているのですが、今日は住まいについてお話させていただけたらと思います。

寅さんの居場所

山田　寅さんはトランク一つしか財産がないし家族もないし自分の家も持たないし持とうとも思わないし、そうは言っても寅さんは自分の生まれ育った家があって、ときどきふらっと帰ってきて、お茶の間でくつろいでいると「やれやれ、わが家に帰ってきた」という思いがするのだけれど、その彼の実家、柴又の帝釈天の参道にあるダンゴ屋さんなんですが、この設定にはいろいろ意を用いましたし、かれこれもう二三年になりますが、最初の五、六年は映画を作りながらずいぶん修正しました。建物はメインセットになりますから、寅さんの実家はある種の快適な空間でなくてはならない。しかし、つつましいおダンゴ屋さんですから大邸宅ではない、たくさん部屋数はない。しかし映画を見る観客はそこにある種の気分のやすらぎみたいなのを感じなければならないといったことで出てきた構造というのが、店があって店の奥に住まいがあって、さらに店から台所へは土間で通じていて、そのまま靴を脱がずに裏庭へ出られる。裏庭といってもどれぐらいですかね、一〇坪ぐらいでしょうか。すぐ隣にはタコ社長の印刷工場というのがあって、そこにはまたもう一つ狭い裏庭があって、そこからそのまま印刷工場に入っていけるというわけですから、店の表の道路からタコ社長の印刷工場までずーっと見通せる家なんですね。ということは相当空間的に広い。実際住まっているところは広くないのだけれど、道路から裏庭まで全部見通せるという意味で、あそこに座ってると広い空間を所有できる。それから自由自在に出たり入ったりできる。それは芝居のうえでも必要なことでした。

玄関をガラッと開けて靴脱いで上がるというのではなくて開けっ放しですから、夏でも冬でもそのままつかつか入ってきて通り抜けて裏に行っちゃう。タコ社長もそのままスッと入ってこれるとか、二階の階段もむきだしの階段でトントン上がっていくと、一応寅さんの部屋というのがありまして、そういう空間を持つことで初めてあそこでいろいろな寅さんとその家族たちの芝居、お笑いしたりケンカしたり泣いたりわめいたりという芝居が持続して撮影できるんですよ。

だから今ふうの日本人の住まいだと長持ちしません、変化がなさすぎて。どこを映しても壁ばかりでね。空間は必要な条件でした。実際には、あんな拡がりのお店は日本人はどんどん持てなくなっているのではないでしょうか。

早川　あれがもしマンションに建て変わっていたら寅さんは帰ってくる気がしないのじゃないかなあ……。

山田　そうだと思いますね。入るといってもあそこは開けっ放しだからふらっと入れるわけで、ベルを押したり鍵がかかってたりしてたら、ふらっと入りようがないですからね。全部中が見えてるっていうのがやっぱり……。基本的に豊かな住まいには広い空間が必要だということは大きな原則だと思いますが、でも部屋は狭くても空間的な広がり、たとえば庭とか道路とか隣の家とのつながり方とか、それがとても大事なことだろう。それがなくて、ただ壁だけの閉鎖的な四畳半だったら牢屋と同じだと寅さんも言うんじゃないでしょうか。それが日本の庶民の伝統的な住み方だろうとも思うのですけれど。

早川　戦前の日本の家は狭かったけれど、まわりに空間がありましたからね。戦後は敷地が小さくなったりアパート形式がふえて庭がなくなったうえ、道路も車で占領されました。そのことも住まいを貧しくしていると思います。それから映画を拝見していて、家族というものを扱っておられるのかなあという気もしています。きのう久しぶりに箱根の彫刻の森に行ってきたんですが、そこにザッキンの彫刻があって、夫婦らしい二人が肩を寄せ合っている。「家族」というタイトルでもついているのかと思ってみると、「住まい」になっているのです。これにはびっくりしました。住まいというのは家族が生活する場だと言いたかったのかなあ、寅さんやさくらさんの家族が住んでいる家というのは、そういうことなのかなあ、と。

山田　ですから額を寄せ合って語り合うには、そんな広い空間よりもちゃぶ台ぐらいのところというのがあって、奥深く考えますと、そういうふうにあけっぴろげで狭くて、部屋同士も声がつつ抜けだったり隣の人も大声出せば聞こえたりするという住み方の中には、おのずとさまざまな難しい非常に複雑に入り組んだ約束ごとというのや礼儀作法というのがあるんじゃないでしょうか。タコ社長はしょっちゅうズカズカ入ってくるけれど、あがりかまちに自分が座るべき場所があって、そこから上がり込んだりはしない。それが決まりだし、たとえば二階であれ隣の部屋の声が聞こえちゃうから、家族全員がいつも何をしているかということの意識がないと、無神経に大声出して勉強している息子を邪魔したり、あるいは子どもの咳が聞こえたんで具合が悪いのかなと思ったり……あるいはもう一つ寅さんの映画でたまに使いますが、聞こえることを意識して目の前でほめるとお世辞くさくて正確に受け取られないけれど、陰でほめられると本当にほめられたようで悪くない。あらかじめそれを計算してヒソヒソ話のように寅のことをほめる。それが聞こえちゃう。あるいは逆にそういう形で批判もできる。直接に言うと角がたつけど間接的に彼もしくは他の家族に聞かせて反省させてやるという、そういう複雑でかなり難しいコミュニケーションが成り立ちます。そういうことを日本人の、特に都市生活をする人たちはたくさん身につけてきたんじゃないかなぁと、あの映画を作るたびに思います。

早川 かつては繊細な住まい方があったんですね。それから「親がなくても子は育つ」と言いますが、結局親がいなくてもまわりにいろんな人がいて、その中で人間は育っていくのですね。魚屋のお兄さんとか、隣のおばあさんがいつも道を掃除しているとか。

山田 柴又もそういうところだと設定しているんです。タコ社長とかお寺の御前様とか向かいのせんべい屋のおばあちゃんとか、いろいろな人たちが寄ってたかって叱ったりほめたりなんかして育てたのだろうと。それが今はないんでしょうね、地域というのが。

早川 街がだんだん壊されてそういう人間環境がだんだん失われていってますね。あの映画はそういうことを意識的に取り上げられているのですね。

山田 そうですね。失われているということもあるし、また、いま東京郊外を歩いてみると、この間まで畑だったところが住宅地になって、それから埋め立て地にはすさまじいマンションが建ってますでしょ。いかにも人間が住みついたというところに長い歴史があるわけないし、古くからのお店もないし、人間同士のつきあいもまだ全くないし、まだ地域が誕生していないといいますか。ただ人間が生きているだけで生活がないというか、そういう場所が都市周辺には非常に増えているんだなあと思いますね。

早川　寅さんというのは失恋して傷ついて帰ってくることが多いのですが、何げなくというか、失意の中でも柴又に帰ってくるとホッとするんでしょうね。

山田　そうですね。何となく寂しくなってから帰るんでしょうね。ふるさとというのは、そんなものだろうと思いますね。いつ帰っても変わらないという。

早川　いつも変わらぬ風景というのは、この数年でずいぶんなくなりました。寅さんの映画の場合そういうことが大きなモチーフになっているのですね。帰ればいつもそこには昔のものがあって心安らげてくれるという……。柴又は寅さんにとって最高の居場所なんですね。

山田　そういう意味では幸福ですけどね。それは映画の中の設定ですから。現実にはあの柴又の町もどんどん変わってますしね。人の移動もずいぶん激しいし。

マンションに住めない映画『息子』の父親

早川　もし寅さんのダンゴ屋さんが地上げにあったらどうなるのかなあと……。

山田　でも寅さんはそういう目にあわないんですよ、永遠に。

早川　あわないんですか？

山田　それはあまり面白くないんですよ。『息子』という映画は岩手県の出稼ぎ農民で、いまは役所に戻っている父親と東京に出ている息子たちの話ですが、長男が千葉県のほうのマンションに入りまして、お母さんが死んで親父が一人暮らしになるわけですね。最近心臓が良くない。長男はゆくゆく俺が引き取らなければいけないと考えているんだけど、ある冬に親父が戦友会で上京してきて、ついでに長男のマンションに寄って、寒いからしばらくここに居ろということになって、六畳の部屋を与えられていたのだけれど、結局ひと晩しか居られないんですね。

三国連太郎がおとっつぁんなんですけど、大きな体でね、椅子に座ってる。おやすみなさいと言って布団を敷くともういっぱいぐらいの部屋だし、タンスなんかすでに入っているから。そこで寝ようと思うんですけど、長男夫婦のヒソヒソ話なんかが聞こえてきたりして。

その嫁さんだって優しい人なんですが、東京育ちの嫁さんが嫌気がさしてくる。つまり親と別居のできる男と結婚して、彼はいまサラリーマンなんだけれど。昼間一日ここにお父さんが居てテレビを見ていることを考えると、とても暮らせない。実際今日一日いたけれどもたまらないと言うんですよ、嫁さんはね。お父さんのためにあの部屋を明け渡すわけ、って。それは家族にとってもたいへんな犠牲なんだけど、あの部屋でお父さんが一日暮らせるかしらっていう。実際親父が来てみると、とても無理な気持ちになっていくという話なんですね。そして親父は朝早く目を覚ますし、行くところがないからマンションの小さな公園に座って。ほかにいっぱい年寄りがいましてね。

結局親父は田舎に帰って暮らす。やっぱり土をさわりたいし、山を見たり川の流れを聞いたりして暮らすのが一番だと。だから俺が一人で何かあったらどうしようと息子たちは思ってるんだ、でもそれはしょうがないと。そのことゆえに俺が息子の家庭にいろいろな犠牲をかけて、しかも俺も辛い思いをしてあの狭い部屋に住むよりも、たとえ俺の死骸が三日間見つからなくても構わない。だから一人暮らしさせてくれ、と頼むところがあるんです。

映画を見た人たちがみんな言うのは、「狭いところで痛々しいと思います」と。だけど実際に僕たちが作ったマンションというのはかなり広い。サラリーマンが手に入れるにしてはかなりゆったりした部屋なんですけど、やっぱり一一階か一二階という高いところにあるわけですね。窓からの景色も、まわりは全部ひたすらビルで。本当に東京は――まあ日本の都市はどこでもそうですが――汚いんですよね、要するに。なぜヨーロッパのようにきれいじゃないのかと思いますけどね。汚い景色しか見えないし。

それに比べて岩手県の田舎は、まず広々としている。とても不便で冬は寒くてしょうがないけれども、親父の萱葺きの大きな家は広いわけですね、ガランとしてて。「それに比べて息子はなんて狭いところに暮らしているのかなと思いますよ」という意見を聞くんですけれど、しかしそれが現実だなと。

窓から何が見えるかとか、道を歩いていたらどんな川が流れているかとか、近所にどんなお店があって、そこにどんな人たちが住んでいるだろうかとか、そことどんなつき合いがあるだろうかとか、隣の人はどんな人だろうか、向かいの人はどんな人だろうかを含めて人間の暮らしがあるのだろうけれど、今はそんなふうに考えるゆとりがなくなったとでもいうところがありますよねえ。

早川　三世代居住と言いますか、日本の家族制度というのは、戦後の民主化の中で消えていったと言われるのですが、実際は都市にどんどん若者が移ってきて、家が小さいから年とった親が一緒に住みたいと思っても住めないのです。核家族化なんていうのは半分以上は家の狭さの産物と思いますよ。

ため息のでる日本の街のうす汚れ

山田　早川さんのお書きになったものを読んでいますと、日本という国の住宅政策がいかに貧弱かということがよくわかるのですけれど、同時に、福祉は住宅に始まるというか、豊かな暮らしは住宅から始まるという、そういう考え方がすぐに住民運動とつながる、政治を動かすようになるという考え方が一般にどこか希薄なのではないかと思いますね。だからそういった考え方を変えなければいけないと思いますが、なぜそんなに希薄なのだろうかなとも考えるわけです。それは基本的に仮の住まいというか、雨露しのぐ屋根があればいいという考え方が基礎にあるのではないかというふうに僕はときどき思うのです。それと、長い徳川時代に日本人の物の考え方が定められて今日に至っていると思うのだけれど、侍というのは社宅住まいで自分の家を持てなかったわけで、だから自分の家を持つのは許されないことであるというか罪なことであるというか、それは僕の親父やおじいさんを見ていてもそう思いますね。親父の兄弟もだれ一人自分の家を持とうとしなかった。お金のある人でもそうだった。そういうことは卑しいことであると言いますか、なんかそのような考え方が基本としてあったような気がしますね。

早川　そのとおりで、戦前は志賀直哉や谷崎潤一郎なども ずっと借家住まいですね。

山田　ですから、今まであまりなじみのなかった新しい時代に即しての家についての考え方、あるいは街についての考え方をもっとちゃんと国家的な規模で考えなければいけなかったのではないでしょうか。ほったらかしてマイホーム主義になっちゃったから、このように日本中がうす汚い街になってしまって、全体として見るとぶさいくね、と言うしかないような……。本当に、特にここ二〇年くらい、ため息が出ますね。僕たちはいろいろな街にロケーションに行きますけど、なぜこのように汚くなっちゃったのかと……。

早川　ＮＨＫの『名曲アルバム』などに出てくるヨーロッパの街は本当にきれいです。

山田　そうですね。モーツァルトならモーツァルトの音楽がのるんですよ、あの景色に。

早川　何かの折にＮＨＫのカメラマンに聞いたんです。そしたら「そうなんです。日本では撮るアングルがない」と言われるんですね。遠景か民家をちょっと撮るとか……。

山田　うんと限られたフレームで切り取るしかないんですねえ。

早川　むこうは街の中を恋人とか老夫婦が歩いたりベンチに座ったりしてます。日本は本当に汚い。

山田　それは単に一家の中の問題だけではなくて、一つの街といいますか、そういうことも含めてではないですかねえ。やはりそれこそ本当に住宅省ぐらいの省があって、真剣に日本人にとっての新しい街や新しい住まいがどうあるべきかということをよくよく……。

早川　日本人の住意識を変えていくには何が契機になりうるとお考えでしょうか。先ほどの『息子』という映画のことを伺っていますと、一つのキーワードは「高齢化社会と家族」ですよね。三国連太郎さんは息子とは一緒に住めないけれど郷里にはある。郷里のある人はいいんですね。

山田　ええそうですね。

早川　帰る家があるから街の中は仮住まいでいいということも、都市の住宅を良くさせない一つの背景だったと思うのですが。高度成長期に根こそぎ移動してきて帰る家がなくなっている人も多いと思います。年とってからちゃんと住むところがなければ生きられないですからね。そんなことが社会問題化していくのを経ないといけないのでしょうね。

山田　アメリカなんかに行くと、そりゃひどい所はいろいろいっぱいあるけれども、そう言えば住宅地なんか一軒一軒の家はずいぶんくたびれたりしていますが、全体としてはきれいでしょう。どうしてこんなにきれいなのかと思うのだけれど、実はものすごく厳しい規制があるという話を聞いて、なるほどなあと思いますね。なぜ、そんなことも真似しないんでしょうかね、日本の国は。どんな変なもの建てても誰も文句言わないから、そりゃめちゃくちゃになっちゃいますよね。

早川　僕はもう無教養的資本主義と呼んでいるんですけどね。教養がないのですね。

山田　だから日本というのは外国の建築家にとって、とても面白いところでしょう。

早川　面白い、まったく。何をやっても構わない。もうこんな面白いところはないでしょう。ですから都庁舎のように変なグロテスクなものができると同時に、一つ一つの建築には面白いものもできるわけです。日本の建築家が国際賞をいっぱいもらっている一因もそういうところにあると思いますね。しかし街のことは考えないからトータルには混乱と無秩序なハーモニーのない汚い都市になるのですね。むろんそれをコントロールしない行政の責任も大きいと思いますが。

山田　それでなんか突然住むところにポストモダン調のおもちゃみたいなビルが最近ずいぶん流行りまして。なんだかあれを見ていると本当に嫌な気になりますよね。

早川　フランスのジャーナリストと話しすると、フランスでは建築家というのはアーキテクトである前にソーシャル・リフォーマーであると言うのですね。建築家というのは結局、生活空間を作っていくわけですよ。それは劇場かもしれないし、学校かもしれないし、住宅かもしれないが、結局なんのためにそういうものを作るかというと、人々の生活する場を良くしていくことですね。すべての建築は暮らしの場である街と社会を良くすることにどこかつながっている必要があるということですね。日本はソーシャル・リフォーマーどころかソーシャル・ディストラクションと言いますか……。

山田　本当に一流の建築家が真剣に住宅のことを考えないというか、逆に言えば、銀行とかホールとかそんなものを作る人たちだけが、やたらになんていうか一流の顔をしているっていうか。逆だと思いますよ。

どういう地に日本人が住むべきか、しかも日本の一般の民衆が住むべき街を造るということにこそ、最高の頭脳とセンスと時間とエネルギーをかけてやるべきなのだろうけれど、それはしかし本当に国家的な課題でしょうね、日本にとって。

早川　まったくそのとおりですね。問題は何がそういう風にさせていくモーメントになるかということなんですね。もうだいぶ前になりますが、イギリスのある学者に「どうしたらいいと思う？」と聞いたら、「それはたとえばタクシーの運転手とか銀行の守衛とか、そういう市井の人たちがどういう家に住んでいるかいっぺん比較する映画を作ったらどうですか？」と言うのです。

山田　イギリス人の住まいと日本人の住まいを？

早川　そうです。銀行の頭取とかいうのではなしに。結局、先ほどおっしゃったようにそういう政策を求めて市民が動かないと世の中変わらないんです。映画というのは非常に影響が大きいですね。絵画とか彫刻とか文学とか人の心を打ったり感動を与えるし、われわれのように調査してデータを提供するということもありますけれど、映画は反響が大きいし、大勢の人が見ますし……。『息子』という映画にも住居の問題が出てくるようですが、いつか住まいや街やそれにかかわる人々をテーマにした映画を作っていただきたいですね。

ところで街が汚いというのは、いつも感じられますか？

寅さんは心の救い

山田　年々汚くなります。ロケーションする場所がだんだん少なくなってきますよねえ。寅さんの映画の中では、つまりポストモダンのビルなんかけっして出すわけにはいかないんですよ。新幹線も高速道路も全部意識的に避けたりしながらね。そうでないと、この世界が成り立たないところがあるんですよ。

だからどんどんしにくくなっているというか、まあ柴又の町だってそうですが、もちろん自然も大きく削られつつあるんだけれど、街並みについて言うと、なんだかひどくこう直線的になってますよね。昔の家はみんなもっと屋根の線にしても道にしても少しカーブを描いてたり、屋根もちょっと丸かったり、そういうふうに街を構成する線が全体に柔らかくてこう穏やかなんだけれど、新しい建物が建つとそれが全部直線になって、道路もなんかバイパス道路でまっすぐになっちゃって、ベタッとアスファルトになりますからね。なんとも味がなくなるというか、曲線もなくなるし、でこぼこもなくなる。

そういう景色はこの映画にふさわしくないから、なるべくこの映画を成り立たせる場所をいつも選ぶようにしてるわけですけれども。

ですから、あまり寅さんの映画では自然そのものを描くことはないんですよ。寅さんというのは大自然に用事はないんですから。商売してますから、いつもいろいろな田舎の村や町を歩いている。それがどんな村や町かということが、とても重要です。観客はそれを楽しみたくて来ているわけですから。

寅さんが新しい殺風景な街中で途方に暮れるということは、観客にとってもそんな楽しいことではない。そんな中でうんざりして暮らしている人たちが映画を見て救われるわけですからね。寅さんが地上げ屋と顔を合わせることはないんです。幸福な寅さんを見ようと、そのうんざりした人たちが願って来るわけですから。

早川　寅さんというのは、どこに泊まるんですか？

山田　基本的には安宿に泊まります。

早川　旅で知り合った坊さんとか……。

山田　そういうことはしょっちゅうありますよね。人の家にお世話になることも。

早川　ああいうことも、今はだいたいないですよね。

山田　決定的になくなりましたね。その分だけホテルがポコスコできたんでしょうけれど。

早川　それはやはり家が狭いからでしょうか？　それとも人情なんでしょうか？

山田　いや、昔だってもっと狭いところにお邪魔したんじゃないでしょうか。僕だって初めて会った家のおじいさんと一緒に寝たとか、その家の子どもたちの部屋に泊めてもらうとか。そうですね、やはり泊めるほうも面倒くさいし、泊まるほうも面倒ですよね。だからそのわずらわしさから解放されようということで、ホテルに泊まる程度の収入はあるということなんでしょうか。

そのことでいろいろなことが失われていきますよね。それぞれの家にそれぞれの生活があるのだというのを知ることがなくなっちゃうんですよ。いま子どもはよその家に遊びに行かないでしょう。

住む人がいなくなるとその街としての機能が失われてしまうのだから、そういうことを防ぐというか、そこに人が住めるような……。逆に言えば、いまの東京の中央区とか千代田区とか、そんなこと関係なく、住む人をむしろ追い出すような感じになっていますよね。で、とても住めないような状況ができてきて、夜の人口が昼間の人口の何十分の一とかいう。それでそういうことを手放しでほったらかしといても、誰も何も思わないという……。まあ東京なんていうのは本当に異常なところだと思いますけれども。そういうことを真剣に考えないような国なんだと思いますね。

早川　そうですね、本当に日本というのは……。私なんか批判ばかりしていて、外国に来て自分の国の悪口を言う人はいないというふうに言うらしいですけどね……。

山田　でも国を愛する人ほど悪口を言うという説もありますよ。

早川　それはよいことを伺いました。僕は愛国者なんだ（笑）。

感じられない住宅政策の恩恵

早川　最近、子どもは遊ばなくなりましたね。
山田　遊ぶということと住環境というのはどうつながるんですか？　つまり極端な言い方をすれば、家が狭いから外に遊びに行くみたいなこともあるわけでしょう？　また、家が広ければ家の中で遊んでいる。
早川　いやむしろ逆に、遊ぶのは家の中なんです、狭くても。外は車が走っているし……。
山田　ということは、住環境ではなくて、むしろ外に遊ぶところがないということの問題も含めてですよね。ファミコンみたいなものやテレビゲームみたいな、子どもたちの好奇心をかきたてるようなものがどんどん生産されるということもあるでしょうし、非常にたくさん悪い要素が重なっている……。
早川　自然が後退していますから。ニューヨークで市役所が原っぱを公園にしようとしたら、子どもたちが市長に陳情書を出して「公園を作らないでください」と言ったというんですね。日本では原っぱがなくなってきて、人工的なちょっとした公園……公園では子どもが遊びたがりませんからね、面白くないから。道路は占領されているし。だから外に行かないんですよ。かといって家の中は狭いし……。

山田　なぜ空き地に子どもを入れなくなっちゃったんでしょうね。どこでも入るべからずということで、ナントカさんの所有地で。だいたい空き地というのは誰が持っていようと、空き地であるからには子どもが遊んでも構わないというモラルが昔はあったんじゃないでしょうか。だから原っぱという言い方も今はないですものね。

早川　いまはやっぱり価値観としては、なんでもお金に換算しますからね。

山田　だからひと坪何百万というところに簡単に子どもを遊ばせてたまるかということもあるのかもしれないけれども。

早川　いままでは日本人の意識は土地は私有財産という思考方式になりましたからね。

山田　ですから、どこかの国で空き地に入り込んで、みなどんどん家を建てるというみたいな。そんな運動があったというけれど。日本でやればいいと思いますよ。許せないですよ。あの不動産会社がどこどこの土地を所有していて、誰も入っちゃいかんなんて。そんなバカな話はないと思いますよね。

それから、僕ら一市民として地方自治体ないし国家から住宅政策の恩恵を受けているということは、爪のアカほども感じたことはないですね。

早川　やはりそうお感じになりますか。それと生活基盤と言いますか、生活環境を良くするということへの予算が異常に少ないです。だけど少ないというそのこと自体よりも、それを要求しない市民のほうが……。

山田　そうですね。黙っときゃひどいことになると考えているという、ヨーロッパの人たちはね。だから絶対自分たちの力でやらなきゃいけないという。そこのところがどうも違う。

早川　日本では都市計画のプランナーが平気で歩道橋とか作るでしょう。あんなもの作ると老人や妊婦は上がれないし、われわれだって雨風強いとき上がれないでしょう。あんなことヨーロッパにはほとんどないですね。

山田　まさにそうですね。自動車のために人間が犠牲になっているわけですね。

早川　日本ではみんなが弱肉強食というか、競争原理について抵抗感がなくなっていってることが僕は非常にこわいですね。学者にしたって行政官、アーバン・プランナーにしたって平気な人が多い、頓着しないんですよ。審議会の委員にしてもなんというんですか、官庁の言うがままに応じますからね。だからこれはどこからどう手をつけていいか……。

山田　本当に、もっと先、もっと突っ走っていこう、もっと過激になろうという議論はどんどん通るんですよね。ちょっと考えよう、ちょっと立ち止まろうという考えは、まるでけしからん罪悪のように睨まれるということもありますよね。

早川　こんなことを言っているだけでもいろいろ抵抗がありますからね。

京都に「民活」は不要

山田　東京の下町の佃煮の写真なんか無理して写して「下町の暮らしがまだ残ってる」とか、三社の祭のみこしを写したりとか、そんなきれいなグラビアの雑誌なんかあるけれど、みんなインチキなんです、あんなもの。そんなものはさっさとなくなれなんて思ってるんじゃないでしょうかねえ。事実なくなりつつあるし、そんなに伝統とか歴史とか人の暮らしが大事なら、日本の国はもっと別なことをやらなきゃいけないはずですよね。

早川　京都でもご存じのように……。

山田　典型的ですよね。

早川　京都ホテル六〇メートルとかＪＲが一三二メートル、今度六〇メートルになりましたけどね。あそこの商工会議所の会頭が、文化というのは経済が活性化しないと生まれないんだと言いますけれど、人々の生活が豊かにならないと文化というのは育たないんですね。寅さんのあう風景が、柴又も後退しているとおっしゃったけれど、それと付随して、そういう人々の価値観と言いますか、後退していってるわけでしょう。住宅づくりとか建築の発想にも、それはもうてきめんに出ているわけで。

山田　京都の街は活性化しなくてもいいんですよ。京都は日本の財産なんだから。日本人がほかでお金を稼いで京都の街にそのお金を注ぎこんで、そして京都はいつまでも昔の面影を、昔のままであってほしいと。京都自体が活性化のために風景がメチャクチャにされるなんていうのは、全日本人の合意がないと許されないことだと思いますね。

早川　全日本人どころか世界的なね。

山田　なんのためにアメリカが空襲しなかったかとか、そういうのを含めてね。空襲以上にひどいことを日本人自身がするということになりますよね。

早川　いまでは自動車が増えて渋滞していますけれども、四条河原町とか鴨川のほとりに立つとホッとしますからね。

山田　何年か前ですけど、京都の街をタクシーで行ってて、一緒に乗ってる奴が「いいなぁ、京都は。こんなどうってことない街並みでも落ち着くもんな」と言ったらね、運転手さんが「我慢してるだけですよ」って言うんですね。「京都の人間というのは、みんなみんな古くさい家にね。

夏は暑くて冬は寒くてどうにもならないけど、じっと我慢してるんですよ。辛抱強いだけですよ」って言ってハハと笑ってたんですけれど。

僕は前の年かなんかにドイツに行って、一日タクシーを借りてあちこちまわって。その運転手さんが同じことを言ってたんですよ。やはり古い街を見て感心していたら「俺の家なんか二百何十年経ってる」と。法律で簡単に直せないんですね。それでかなわないって。古くさくて不便で、本当はもっと作り替えたいんですけど、できないから不便でしようがない。なんであんな古い家に住んじゃったんだろうと嘆いてるんです。同じことですよね。それが文化だと僕は思いますよ。不便だなあ、不便だなあ、でもしょうがないなあ、古い家なんだからって、その気持ちがね。

早川　いま借地借家法の「改正」が日程にのぼっているのです。いまは地主・家主が自分で使うとき以外は借地借家人に出ていってくれと立ち退き請求できないのです。これを高度利用しまして、マンションにするからオフィスにするからと言えば、出ていかせることができるようになるんです。世界でもそういう理由で借地借家人が立ち退きさせられている国はどこにもないんです。

資本主義社会ではすべてが商品として供給されているのだけれども、地主・家主が勝手にそういうことができるとすれば、住むという暮らしの基盤を奪うことになるのですね。アメリカでもしません、こういうことは。ほかの国もみんな法律で決めていますしね。それを改正して立ち退かせて、跡地をデベロッパーに利用させようという狙いでねえ。これが通ると、いまは暴力団を使ってる地上げが大っぴらにやれるわけです。日本人は消費税を騒ぐけれど、こういう生活の根幹をゆるがすことには反対しないんですよ。これが通ると日本は阿鼻叫喚の世になります。

山田　要するに、この環状線の内側から出ていってほしいんですね。貧しい人とか老人とか障害者とか。邪魔なんであると。

早川　そう、邪魔なんですよ。都市空間を資本が支配して、勝手放題に使いたい。ですから買える値段にしろ、ということだけではなしに、都市空間を市民の手に取り戻す運動をしないと。

山田　東京の歴史もへちまもあったもんじゃないですね、それは。

早川　生活者にとって地名とか歴史環境というのは、みんな生活文化の蓄積ですよね。それが生活を豊かにしているわけでしょ。

山田　そうですよ。さまざまな職業を持った人たちがおじいさんの代から住みついて、それでつまり交流し合うことで一つの文化ができていくんですよね。なぜ政党なんかは黙っているんですか？　もっと具体策を宣伝しないんですかね。

早川　寅さんにしたって旅に出てまず寝泊まりするところを見つけて風呂にでも入って、それから食事すると思うんですよ。

山田　でも昔はよく駅で寝てたりしたんですけど、最近は駅も追い出されちゃいますからね。

早川　ああ、追い出されますか。まあ元気なうちはいいですけれど、冬は困るでしょう。

どうなる寅さんの老後

山田　ですから、確かに寅さんも今はまあちゃんと動いているけれど、寅さんの老後というのは相当深刻な問題になりますね、その住の問題において。なんといったって彼の実家もやはりちゃんと商売していないとあのお店は成り立たないわけですから。彼がいまさら帰ってダンゴ屋やるわけにはいかないでしょうし、深刻な事態になるでしょうね。映画の中ではいつまでも元気に生きてるのだけれども。

保険の問題についてはちょっと触れたことがあるんですよ。つまり、いま元気だからいいけれど病気になったらどうするんだろうと心配するシーンがあったんですよ。お兄ちゃんは保険も持ってないし。それでみんな、ふと考えてゾッとするという。まあその程度なんですけど、映画で触れるのは。寅が借金して千葉の病院にでも入っていたらみじめすぎてちょっと辛いんですけど。でも妹のさくらなんかが心配することもあるわけで。

面白かったのは、病気になったらどうするんだろう、保険にも入ってないしと言ったら、厚生省の寅さんのファンという人から手紙が来て、実は寅さんのような人も現行の健康保険制度ではカバーできるんですと。ですから、ぜひ入っていただきたいという手紙をもらったことがありますよ。それは確かにそうなんですよ。さくらが代わりに支払えばいいんです。自分の家族にして。そうすれば寅さんは国民健康保険、あるいは厚生年金にちゃんと入れるんですね。いま健康保険もあるんです、実は。年金もまあまあ辛うじてある。

早川　日本の老人ホームというのは長年大部屋雑居で、一人部屋に入ろうと思ったらお金がかかります。

山田　そういうのは北欧なんかではないんですってね。みんな一人部屋で。

早川　一人部屋ですね。

山田　そりゃ辛いと思いますよ。年取って大部屋で。

早川　ええ、辛いですよ。寅さんの映画が人気がある一つの理由は、何ものにも束縛されない、管理社会から逃れて自由に生きるということもあると思うんですね。それをみんなあこがれている。大部屋ではプライバシーさえありませんからね。ホッとするというのは、いろいろな意味がありますからね。

山田　ですから画面もホッとするものを作っておかないといけないんですよね。

早川　それは大事だと思います。ホッとすることに皆あこがれてるわけですけれども、さて、そのホッとすることがどこまで続くかということですね。

山田　そうなんですよ。だんだんリアリティーを欠くようになってきた。寅さんにそれを強要するのがどんどん不可能になってくる時代だと考えられますよね。

寅さんとマドンナ

早川　いままでこのシリーズで毎回マドンナが出てきますね。これはどんなふうなモチーフで？

山田　スタートしたということですか？　いいえ、これはだってシリーズにすることなんて最初全然考えていなかったんですから。普通の映画ということで『男はつらいよ』を作ったんです。ところが割に興行的に成功したので続篇をやってくれという、まあそれはよくある話なんですよね。いまアメリカ映画なんかみんな……『バック・トゥ・ザ・フューチャー』とか『ダイハード』とか『ロッキー』とか。日本だって昔から『愛染かつら』『君の名は』……みんなヒットすると続篇、それと同じですよ。で、話を作る。「よし、じゃあもう一回作ってみよう」と。そうなれば第一作目の恋人はもう結婚しちゃったじゃないですか。また次の恋人にめぐりあって恋をするというふうに考えたわけですね。最後やはりふられるわけですよ。で、またもう一本ということになると、またもう一人出さなきゃいけない。それを繰り返しているうちに、つまりそういう型ができたんですね。美女に会っては失恋するというね。

早川　どうなるんだろうかという次の期待もあるんでしょうね。

山田　期待もあるし、必ず美女に会って必ずふられるというのは、観客にとってもパターンとして飲み込めている。

早川　安心するんでしょうか。

山田　ですから、どうなるか見当がついて見ているという種類の……。

早川　だけど必ずしも寅さんがふられるというのではなしに……。

山田　ええ、中にはかなりいい線までいっているのもあります。

早川　お寺の、あれは竹下景子さんでしたでしょうか。

山田　近頃は寅さんのほうが逃げ腰で。

早川　それはどんな意図でなされているのですか。

山田　なんでしょうねえ、なぜそうなってきたかというのは。失恋しなくなったというのは。なんていうかなあ……まあやはりある程度年を取ったということもあるでしょうね。恋の仕方も穏やかになってきた。

スタートした時期は彼だって四〇になるかならないか、まだまだ若くて激しくって。だからエネルギーがあるときは激しく失恋しても観客がゲラゲラ笑って見られるんですけれど、やはり年月を経れば、それなりに渥美さん自身も年を取るし、どうしてもマイルドになりますよね、当然。そうすれば女性だってある好意をどうしても抱くようになる。で、また物語のうえでもそんな激しく突然彼女のいいなずけが現れてということでは、なんというかな、痛々しすぎるという。だからすべてが少しマイルドになるって言いますかね。

早川　まぁしかし渥美清さんというのは、芸達者な俳優さんですね。パーソナリティーなんかにしても……。

山田　唯一アメリカでロケーションをしたことがあるんですよ。エンディングのほうだけアメリカ人の俳優が出たんです。短い撮影で。アリゾナまで行って。渥美さんもそのとき「一緒に行かないか」「行ってみましょう」と。撮影はないんですけど、彼も一緒にアリゾナのフェニックスまで。そうしたら二日ぐらいしたら「もう帰ります」と言うんです。でも撮影はもう一日で終るし時間があるから帰りにラスベガスまで行ってショーでも見て帰りませんか、と言ったら、「そんな気持ちになれない」と。

「私にとって博打のような楽しみ方は、うす暗い四畳半の部屋の、なんかじめじめしたところで花札をパタパタやってると、そんな雰囲気で初めて遊べるんですよね。あのラスベガスの砂漠の中にネオンサインがわっとついているところでとても楽しむ心境にはなれない」ということで、なるほどなあと思ったことがあります。フェニックスの街の異常に乾燥した感じの、なんて言いますか、広くて落ち着かないっていうか……非常によくわかりましたね。

僕なんか満州で育ちましたから。もともとそういう殺風景な広々とした風景で育ったから、中学生のとき日本に来てびっくりしたものですよ、山ばかりで。ずいぶん違うんじゃないですかね。ああいう広々としたところで育った人間の、家に対する感覚というのは。

人間は風景の中でやすらげる

山田　建物というのは、なにかその家を取り巻く風景と言いますか。だから山が見えないとなんだか落ち着かないという日本の田舎に育った人の気持ちがとても僕には不思議だし。でもなるほどな、と思うところがあるんですね。僕なんかは山などなくても平気だけど、むこうに山が見えるということの大切さというか。だから京都や奈良がなぜいいかと言うと、ちょうど程よいところに山があるということじゃないかと。まぁずいぶん繊細なものだと思いますね、そのような風景を求める気持ちというのは。僕なんか広漠なところで育っているわけですから。最初、山がないと落ち着かないという話を聞いたときはびっくりしましたね。ああ、そういうものなのかと。

早川　渥美さんの話の中でそういう風景の話など出てくるんですか？

山田　渥美さんは東京で育っていますから、そういうことはないんじゃないですか。東京を含めた関東というのは山のない、なんだか寂しい土地だと思いますよ。京都なんかと比べてみると。なんかこうひたすらのっぺらぼうのね。

早川　私なんか奈良市内の猿沢池の近所で育って、あとは京都がほとんどですから、山や広々した公園に囲まれて散歩したりすると、やはり落ち着きますね、その点では。

山田　囲まれたいんですね、山に。

早川　日本人はそうですね。盆地で育つ人は多いし。神戸という街は散歩するところがないんですよ、斜面ですからね。六甲山とか。あれは散歩するところではなくて、山登りするところですから。

山田　でも本当に東京でも散歩する道ってないですね。僕なんか犬連れてあちこち歩くけれども、本当にいつも自動車の心配をしたり、目を休める対象がないと言いましょうか。

早川　成城はどうなんですか？　僕は通ったことならあるけれど、高級住宅地ですね。

山田　ええ、まあ一応そうなっているからマシなほうだと思いますけどね。しかし、散歩道になっていてのんびり歩けるようなところなんか、何もないですよ。ヨーロッパの街のような。僕はウィーンで寅さんを撮影したことがありますけど、ドナウ運河のほとりなど、素敵な広々とした空間が散歩道としてちゃんと取ってあって、いいなぁと思いましたねえ。

早川　オーストリアという国は住宅運動の歴史のメッカみたいなところなんですよ。一九三〇年代のワイマール憲法の頃の民主化運動に関連して住宅運動が起こるんです。そして非常にレベルの高い集合住宅が建って、いまでもまだ使われています。僕がヨーロッパで一番いいと思うのは、ただブラブラ歩くだけで楽しいでしょう、気持ちが落ち着いて。特にドイツなんかそうですね。

山田　見るに値する建物がちゃんと並んでいるというか、いまの白っぽい新しい四角い建物ばかりというのは本当にこう……。

早川　ローテンブルグに行かれたことありますか？

山田　ええ、あります。

早川　あれはみんな復元ですからね。

山田　あれは破壊されたんですか？

早川　そうです。戦争中爆撃でやられまして、戦後になって市民投票するんですよ。近代的な都市にするか、昔ふうの都市として復元するか。圧倒的多数で復元になったんですね。復元はお金がかかるのです。かかってもいいからやろうということで。

山田 そういうところは多いのではありませんか？　ウィーンでも焼かれたらすぐ復元したし。

早川 そうです、ポーランドのワルシャワもそうですよね。食べるものも食べないで元の街を復元していく。それによって心のふるさとをとり戻すのだと。

山田 日本人は自分たちでぶっこわしている。

早川 ぶっこわしてねえ。奈良から東大寺も春日大社も京都から清水寺も二条城もなくしちゃったら、これはもううすっぺらな国になるわけですからね。

山田 お寺だけではなく、普通の町家でも全体がそうですね。京都ホテルなんてのもいかにひどいかですね。だいたい活性化というのが腹立つじゃありませんか。もうこれだけお金を持っているのだから、いいじゃありませんか。活性化なんかしなくって。もうそろそろそんなことは一時中断しようという、むしろそんな提案こそ、よっぽど勇気があると思いますね。

早川 もし京都の高層建築をストップさせたら、京都市民というのは、ワルシャワを守った市民と同じような価値があるわけですね。

住む文化を大切にしよう

山田　僕がさっきから考えているのは、むしろ日本人が長い間かかってできた住まいというのは、どういうことなんだろうと一番考えるんですね。そのこととおもっと大きな国の政策に関わる住宅問題というのは、どんなふうに議論として重なっていくかというようなことを考えていかないと……。

早川　以前はもっと市民が参加していたんですね。庭を掃除したり家を修理したり、ふき掃除をしたり……。自分の家を手入れし道を掃除し、みんなで協力して参加することで街を作っていたのですね。それが企業が飛び込んだり政府が関与したり、デベロッパーが街をとっぱらったりして、市民の手から離れてしまったんですね。

山田　だからこんな形で参加したいという実態をまず知る必要があるんです。僕も京都に古くから住んでいる人に聞いたんですけど、きちんと毎朝むこう三軒両隣という感じで当番があって、ちゃんと掃除したものだと。だから朝七時か八時頃になると通りが全部きれいに掃き清められて、しかしそれぞれの掃き方が微妙に違って、だれそれが掃くとこんな型になるとか、かんとか。そこに打ち水して、そして朝出勤する人はそれから出勤するような生活があって、それがたとえばいろいろなお祭りとかお祝い事とか、全部関わっていたから都市の生活というものが京都にはあったと聞いたけれども、そういうことをもっと僕たちは深く知りたい。そこに込められた伝統とか人間の知恵とか、しかも都市と農家では違いますよね。

早川　農山漁村にしても、そこの住民は限られた、条件の悪い土地の中で生き暮らしていくために、いろんな工夫をこらしているのですね。崖くずれの起こりそうなところには薬草を植えて、ときどき採りにいきながら危険を予防するとか、土地が狭いので庭と通路を兼用にするとか……。

山田　それがつまりもっと建築的にあるんじゃないでしょうか。建物のあり方、屋根とか障子とか畳とか床とか構造とか、そういうことだってたくさんの知恵があって、あの形をしていると思うのですよ。東京の下町だって。貧しい裏長屋の生活は別にしても、街の文化というのかな、その中における建物という。それはもちろん生活と深く関わってくるわけですが。下駄を脱いで上にあがる形とかですね。そんなことが僕なんか映画を撮りながら一番気にかかることなんです。

初出：「寅さんの住居論」『住宅会議』二三号、一九九一年一〇月

三、日本の都市は災害に強くなったか

――「阪神」から学んだものと残されたもの

小田　実
（作　家）
早川和男

――二〇〇五年一月一七日は、阪神・淡路大震災一〇周年を迎えます。それに先立ち先日、新潟中越地震が発生しました。そこで神戸の教訓は果たして活かされたのか。居住福祉という視点から見た場合、何が問題なのでしょうか。

住居は健康と福祉と防災の基礎

早川　私の『居住福祉』（岩波新書）が契機になって二〇〇一年一月、日本居住福祉学会が発足しました。小田実さんにも来てもらい、片山善博鳥取県知事（当時）と暉峻淑子さんと三人で、私が司会してシンポジウムを持ちました。はじめに居住福祉とはどういう考えか、かいつまんで説明させていただきます。

一つは住居は健康と福祉と防災の基礎ということです。人間は生涯を通じてたえず自己発達を遂げながら、生きてよかったと思えるような人生を送れることが大切です。しかし、長い人生には病気、失業、その他いろいろの生活上の事故が生じます。そういうときに健康や暮らしを支えるのが社会保障や医療・福祉サービスです。だが、部屋が狭い、段差が多い、日が当たらない、風通しが悪い、など居住条件が悪いと現代病は治りません。生活習慣病として食事の注意や運動も必要ですが、住宅や居住環境を良くする社会的取り組みが必要です。最近は公衆衛生という考えが後退しました。

また、階段から墜落するなどの家庭内事故で毎年一万人以上が亡くなり、一〇〇万人以上の負傷者が出ています（推計）。寝たきり老人の原因は脳疾患、老衰に次いで家庭内事故が三位です。これでは在宅介護をめざす介護保険も機能しません。老人の自立生活も家族やヘルパーさんの介護も困難です。脱病院・脱施設が強調されていますが、住む家がなかったら不可能です。

阪神・淡路大震災の教訓はほとんど受け止められていません。地震による直接の死者五、五〇二人の八八％は住宅の倒壊による圧死、窒息死です。一〇％の焼死者も家の下敷きにならなければ逃げられました。大震災は住宅災害でした。

既存住宅の耐震化にも政府は不熱心ですが、根本は市場原理・自助努力の住宅政策を改めることです。防災専門家も一言もそのことを言いません。

衣食はフロー、住はストック

第二は、人間の生活は一口に「衣食住によって成り立っている」と言われますが、衣食（医療や社会保障もこれに含めてよいでしょう）と住の間には大きな違いがあります。

前者は直接人間の身体を作り、生命を支えるフロー（お金やケアやサービス）で個人的消費です。

それに対し後者の住居や居住環境はストックで、存在自体が雨風や暑さ寒さをしのぎ、命と暮らしを守ります。いったん良質の居住環境ストックが作られたら、新たな投資なしに子から孫へと引き継がれ健康や福祉を支えます。高齢社会化が進行し疾病が増加する二一世紀はストックによる健康と福祉と生命の維持が必要です。

また、私たちの暮らしは目に見えないコミュニティによっても支えられています。都市再開発はコミュニティを壊し福祉の基盤を損ないます。

高齢者が多様な年齢層の人たちと一緒に住む「ノーマライゼーション」は、子どもにとっても必要です。いじめ、家庭内暴力、不登校その他の心の歪みはまわりにお年寄りや障害者など「弱者」のいないことが一因と私は考えています。そばに老人や病人がおれば人はみな年を取ること、病気になること、あるいは障害を持つ可能性のあることがわかります。自然とともに心を育てる居住環境も失われていると思います。

住居は憲法二五条・生存権の基礎

第三は、より基本的なことですが、憲法二五条の生存権の基礎ということです。現在、ホームレスが増えています。しかし居住が保障されてさえおれば、リストラに遭っても何とか暮らしていけます。西欧諸国は居住保障によって福祉国家を作り上げました。年金が議論されていますが、安い家賃の住居があれば議論は変わってきます。誰もそれを指摘しないのが不思議でなりません。

以上が居住福祉の概要です。

阪神・淡路以来一〇年で変わったこと

小田　大災害というのはその社会のいろいろな飾り物を剥ぎ取って、問題をもろに見せる。私は阪神・淡路大震災で痛感しました。昨年の新潟中越地震を見ていても、同じような感じがする。あの地震から一〇年経って、その一〇年目に近いところで同じくらいの被害の震災が起こり、その前には台風など大災害が続いて起こって、一〇年の間に解決されたかどうか意外に見えてきた。根本的な問題は全然解決していないと思う。

それで何が見えてきたかというと、一つは早川さんのいう居住の問題です。いかに住宅が劣悪か。みんな倒壊してしまった。それから本当に先進国として恥ずかしいと思うのは、災害の対策をしていない。

それから災害に備えての非常用の備蓄をしていない。たとえば非常用食料とかそういうものが、今回の新潟中越地震を見ていてもほとんどないから、あちこちから持ってきている。あのときからわれわれは口を酸っぱくして言っていたわけだから。備蓄は必要ですね。

私は以前ベルリンに住んでいたのです。そのときに痛感したことは備蓄をしているということです。日常生活に必要な食料とか粉ミルクとか、トイレットペーパーとかそういうものを三か月分備蓄していましたよ。しかもそれを、おおむね半年とか一年ごとに更新するのです。それがあるから先進国だよね。

日本は――特にわれわれはここ芦屋で話し合っているのだけれども――金持ち都市でしょう。でもここはほとんど備蓄がないんですよ。私は西宮に一二年いますが、西宮も備蓄していなかった。たとえば端的な例で、あのときに芦屋に給水車一台なかった。当時三重県久居市の給水車が来てくれて助かった。山の上の壊れた貯水池から水を運んできてくれた。自衛隊の給水なんてまったくダメですよ。もともと給水車は兵員輸送車の兵士に対する給水なのだから。私は現物につきあったからね。全然役に立たない。

災害対策費というものがあるではないですか。当時西宮市は人口四〇万人ぐらいで、年間予算は約一、五〇〇億。市の急ごしらえの災害対策費は四、五〇〇万円でした。マンション一つの値段。聞いたら、「四、五〇〇万円です。パン一つありません」と彼は言った。

おそらく新潟を見ていても何もないのではないですか。災害対策費だって哀れなものだと思いますよ。そういうことをわれわれは知るべきだし、ほとんど改善されていないことがわかるはずです。これでは文明国ではない。

また住んでいる家が貧弱で脆弱。私は防災の建物を作れといっているのではなく、ちゃんと作られた家に住むべきだということです。

早川　そのとおりです。いま欠陥住宅がものすごく増えています。住宅災害の背景に健康や安全を損なう住宅が存在するのです。

行政責任とボランティア

小田　一〇年の間で根本的には変わっていない。結局頼みはボランティアです。阪神・淡路大震災のときにテレビの画面に神戸市のテロップが出てきた。「ボランティア募集」。「あっ、こいつでごまかす気だな」と思いましたね。

ある番組がアメリカから来たボランティアを紹介していました。「こういうときは行政も困る。だからボランティアがもっと必要です」と力説する。見ている人は納得する。日本は行政が滅茶苦茶だからカバーするためにボランティアが出てくるのですが、他の国は違います。備蓄食料が三か月あるところでボランティアが必要なのです。日本は神戸市職員の代わりに、最初からボランティアを使っている。

早川　彼らは行政責任を感じていません。

小田　ボランティアが必要だということは、行政がダメだということです。われわれは税金を払っているのだから、行政がちゃんとしていればボランティアはいらないはずです。政治がちゃんとしていないということなのです。そのことをみんな見抜いていかなければいけない。ちゃんとした行政でもボランティアが必要なのに、ちゃんとしていないからボランティアが必要になってくる。

劣悪な住環境は犠牲者を増やした

早川　いまの備蓄の話には全面的に賛成です。備蓄は食糧だけではなしに、日常行政が、市民の福祉とか生活環境にどれだけ力を注いでいるか、それが防災資源としての備蓄にもなるのです。たとえば老人ホームです。学校の体育館などの避難所で九〇〇人が風邪をひき肺炎になるなどして亡くなった。ところが、老人ホームに逃げ込んだ人は全員が助かったのです。避難所では食べられなかった塩だらけの硬いおにぎりをおかゆにして食べさせてくれる。部屋は学校の体育館のように大きくなく暖かいふとんもあり、介護士や栄養士もいた。老人ホームにはデイサービスの名簿があるので、避難者のケアが終ったら一軒一軒回られたのです。老人ホームは、防災・救済施設なのです。

神戸市は全国の一二の政令指定都市の中で老人ホームの数が一番少なかった。そのうえ、ほとんどが山の中にあった。だから被災老人を救えなかった。公園もそうです。

日常どれだけ市民の生活環境や福祉に行政が力を注いでいるか、これが防災の備蓄でもあるのですね。危機管理というのは、自衛隊の早期派遣とか内閣の機能の明確化とか情報通信機能がどうとか……。でもそれ以上に日常的に食料を備蓄する、老人ホームを作る、それから公園を作る。

神戸には公園が少ない。ところが長田の小さい公園で延焼が止まった。公園は日常は子どもの遊び場やお年寄りの憩いの場です。ところがいざとなったら、防災資源になる。

防災対策というのはなにも防災課だけの仕事ではなくて、全部局の仕事なのです。行政がどちらの方向を向いているかということも、震災の大きな教訓だと思います。誰もそういうことを言わないし、僕らが言っても耳を傾けない。

分散型の防災資源として老人ホームができること

小田　震災を通じて知り合った市川禮子さんは芦屋で喜楽苑という個室の老人ホームを作ってい

る。彼女と話をしていてなるほどと思ったのは、根本的に日本の都市のあり方を変えるべきではないかということです。

早川さんも言われたように、老人ホームを中心にして地域を作る。いまは避難所が小学校でしょう。硬いコンクリートの上に寝かされたり、体育館の床で寝かされたりしているけれど、そのあり方を変える。要するに避難所となるのは、中心の老人の福祉ホーム的なものです。そこを中心にして一つの地域を形成するということが必要ではないか。そうすると、いま、早川さんがおっしゃったようにみんなが助かるではないですか。

私はそれに付け加えて、その傍に非常に堅固な建物を作って、そこに地域的に備蓄せよと言いたい。中央で備蓄できないから。老人福祉ホームを中心にして、みんながそこにいられるようにして、地域を中心にして老人ともつきあう。それを喜楽苑の人は実践している。痴呆症の人も外に出ていって、みんなとつきあう。子どもとも触れあう。人々もそこに来て、喫茶店とかを利用している。そういうようなものとして共同体があるわけです。老人ホームが中心になって、いざとなればみんなでそこに逃げ込む。そこで安心して生きていける。倉庫は私の案ではありますが、そういうやり方で都市計画自体をやり直す。学校も、老人福祉ホームの横に作る。

早川　いまの話を受けて言うと、日本の都市計画は明治以来、富国強兵・殖産興業で、産業・経済成長基盤とか経済成長の基盤づくりでしょう。それに対し住宅を作るとか、公園を作るとか。そういうことも必要です。しかしそれは生活者に眼を向けるというだけで、むろんそれも必要ですが、論理がないのです。論理というのは、たとえば老人ホームを作るというのはいま小田さんが言われたように都市計画そのものなのです。老人ホームは日常的に身体の弱ったお年寄りたちの暮らしを支えるが、いざというとき防災施設にもなる。老人ホーム中心の地域づくりというのは都市計画の資源なのです。いまの都市計画は、人間の生命を守ったり、暮らしを支えたり、子どもからお年寄りまでの心を育てたりする、そういう論理がない。だから、新しい都市計画の論理の構築が必要です。僕の居住福祉も同じです。

サラダ社会のこと

小田　この間『福祉のひろば』の「ひろばトーク」で、るつぼ社会ではダメだ、サラダ社会でなければダメだと言いました。るつぼ社会というのがアメリカの昔の考え方で、るつぼの中に民主主義と自由を媒体にして、みんなぶち込んで、民主主義と自由で熱を加えてこねていたら、一色になるわけです。それに星条旗を巻いたらアメリカ合衆国だと。乱暴に言えばね。その後、黒人の解放闘争やベトナム戦争などで価値観の多様性が出てきて、女性の運動も起これば、マイノリティの人々も出て、アメリカが少し変わったわけですよ。

その多様性が出てきたときに出てきた言葉がサラダです。サラダ国家、サラダ社会になるべきだと。要するに、ハムもレタスもトマトもたまごもそれぞれの価値がある。それぞれのおいしさを持っている。それで全体のおいしさを形づくる。一色ではないのだという考え方が出てきていると思う。私はブッシュ政権の継続で、またるつぼになると思いますね。民主主義と自由を振り回して。それどころか、ブッシュのアメリカは全世界をるつぼにしようとしている。

結局いちばん疎外されるのが弱い者です。社会で弱いのはお年寄り・障害者です。子どもは将来のためにおいておけとなるけれども。お年寄りはみんな殺されていく。サラダ社会を支えるのは平和主義です。私に言わせれば、民主主義の再定義です。

早川　そういう話に関連して言うと、はじめにも言ったように、お年寄りが若者や子どもと一緒に住み慣れた街に住むことが安心して生きる町になり、同時に子どものまわりに、いろいろな職業や人生や価値観が必要です。戦後の住宅地づくりは労働力の収容所か不動産業者の金儲けの手段で、人間にとっての居住地づくりという視点が忘れられてきたのですね。

ある保育士さんが保育児を連れて道を歩いていると、みすぼらしい身なりの老婆がしゃがみこんでいた。一人の子どもは「うわあ、オバケがいる」と指さし、他の子どもは「髪の毛がうちのおばあちゃんと同じ」と言いながら近よって「どうしたの?」と声をかけたそうです。そういう優しい気持ちはまわりに弱者がいないと育たないのです。

街全体を福祉空間に

早川　それから僕はこのごろ、中山間地を調べています。たとえば、岩手県沢内村は集団移住するのですが元の家は残してあるのですね。そこを物置に使ったり、別荘に使ったりしている。過疎地ですからヘルパーさんも医者も行きにくい。

また高知県のある村は過疎化、高齢化で、地形は急峻です。それで麓にお年寄りのホームを作りました。すると、今度の災害のようなときもこちらの安全な居住地におれます。日常的にそういうお年寄りの居住施設を作っておいたら、防災にも役立つのですね。都市計画とか村づくりの新たな論理と方針を考えなければいけない。

福祉とはどういうことなのかということを思想展開しなければいけない。公園はどう福祉と結びつくのか、老人ホームを中心とした都市計画というのは、根幹に触れる話です。

小田　阪神・淡路大震災で一つ大きなことは、路地裏とか、そういうものを全部壊してしまった。地震つまり自然現象が壊したというのは事実ですが、そのあと、さらに都市計画でぶっ壊した。

長田がいちばんいい例でしょう。長田の辺りはいい路地がたくさんあったわけです。それをぶっ壊してあんな二〇階建てのビルを建てたりするから衰退する。西宮北口もみんなそうでしょう。全部壊して高層ビルを建てた。そんなのは滅茶苦茶なのです。復元するのならば元のとおりにすべきでしょう。

早川 僕は居住福祉資源と言っているのですが、市場や小売店もそうです。スーパーはだまってひとりでカゴに入れるだけでしょう。市場や小売り商店街は、対面売買で地域の交流空間であり情報源でもあります。あそこのおばあちゃんが身体がどうだとか子どもが生まれたとかね。市場というのは福祉資源、福祉空間なのです。

小田 それをみんなぶっ壊した。阪神・淡路大震災で消えてしまった。私の人生の同行者は、神戸生まれの神戸育ちですが、「もう神戸はない」と言っています。

早川 僕が市場などを観察していると、おばあちゃんが来て、店の人と話をして遊んでいますよ。

小田 それがいちばんだいじです。

早川 まるで店番をしているみたいにね。それから市場を潰してスーパーが入ってきても、ちょっと経営が危うくなると引き上げるでしょう。そうすると地域で買物できなくなる。

小田 全体が――「福祉のひろば」ではないですが、福祉でなくなってきていますよ。全体の社会がね。もっと考えないといけない。

早川　福祉とは施設やサービスだけでなく街全体が福祉空間にならなければいけないのです。弱者を救済するというのではなしにですね。

小田　早川さんが言い出して、住は基本的人権という、そういう新しい考え方が必要になってくる。民主主義の概念も捉え直すということを基本に、そういう立場に立って考えなければいけないところにきていると思っています。だから、いままでのものを手直しするのではなくて、基本的なものとしてそこから考え直す、というようなことが必要なのではないでしょうか。

――どうもありがとうございました。

(小田実氏は、二〇〇七年七月三〇日、逝去されました。慎んでご冥福をお祈り申し上げます)。

初出：『福祉のひろば』二〇〇五年一月号

四、わたしの新幸福論

聞き手　古屋　和雄
（ＮＨＫアナウンス室専門委員）

早川　和男

古屋　早川和男さんは住宅問題を通して、一貫して「住むこと」の意味を問い続けていらっしゃいます。二〇〇一年には阪神・淡路大震災を教訓にした『災害と居住福祉』（三五館）という本をまとめられ、同年に設立された「日本居住福祉学会」の中心メンバーでもいらっしゃいます。日本人はずーっと住宅問題で悩みつづけている気がするのですが、「日本居住福祉学会」の目的はどんなところにあるのでしょうか。

「居住」は生きる基盤だという認識が欠けている

早川　今、高齢社会に向けた福祉の重要性がいろいろ言われ、ゴールドプランなどが強調されています。その趣旨は在宅介護の充実にあるわけですが、介護できる住宅が不十分なのが日本の住宅事情です。在宅福祉には、その基本である安全で安心して住める住居が必要です。

阪神大震災では一瞬の揺れで五、五〇二人の方が亡くなっていますが、八八％は家の倒壊によるものです。残り一〇％も火事で亡くなったわけですが、これも家の下敷きになったために逃げられなかったのが原因です。ひと揺れくれば、ひとたまりもないのが日本の住宅です。そんな住宅事情のもとでは在宅介護など成り立たない。住居は福祉の土台ということを考えていこうというのが「日本居住福祉学会」を設立した契機ですね。

古屋　地域福祉といった言葉はありますが、「居住福祉」というのは初めて聞きますね。

早川　もちろん地域福祉も大事ですが、まず居住です。生存の基本はこの地球に住むことですからね。われわれは日本に住まなければ生きられないわけですから、安心してこの国に居住できるということが生存の基盤、基本的人権でもあるわけですね。

古屋　阪神大震災から六年が過ぎました。私も当時大阪におりまして、親しくしていただいている鷹取地区のみなさんといまでもやりとりをしているんですが。家は少しずつ建ち始めているものの、なかなかもとの暮らしというものが戻らないんだ、といまも悩んでいらっしゃいますね。

早川　行政に、暮らしの基盤はもとの町に戻って住むこと、という認識がないんです。戦後の日本の住宅政策というのは政府レベルでも地方レベルでも、住宅という器を提供すればいいんだという発想でした。神戸にも復興公営住宅というのがずいぶん建って大勢の人が入っているのですが、発想は少しも変わってはいません。

古屋　五年で仮設住宅がなくなって、そこに住んでいた方たちが復興住宅のほうに入られたわけですね。

早川　仮設住宅では二五三人が亡くなっています。住み慣れた町から山の中に追いやられて、孤独死したり、自殺しているわけです。これは公式な数字ですが、実際は千人、二千人という説もあります。復興公営住宅でも、建物は立派になったけれども、山の中の高層住宅が非常に多くて、しかもバラバラに入れられています。仮設住宅で知り合った人が一緒に入れば助け合えるんですが、抽選で入れたものですから、知っている人がいないという状況がまた生まれたわけです。ここでも二〇〇一年初めくらいですでに一三〇人、自殺、孤独死しているんです（二〇〇〇年一月以降二〇〇八年一月現在の八年間に復興住宅での独居死は五二二人になった―兵庫県警による）。住むというのはねぐらを作ればいいわけではないんです。生きる希望と言うか、生きる基盤ですからね。

住むということに対する認識が非常に遅れていると思いますね。住宅政策とか都市計画に、人々の暮らしの基盤を作るんだという認識が希薄なんです。

古屋　私も大阪におりまして、ずいぶん大震災後の番組を作りましたが、みなさん、もとの町に帰りたいとおっしゃる。もとの町が「懐かしい」というだけでなくて、そこにはコミュニティがあって、一人で暮らしていても近所の人たちが集まってくるとか、あるいは一人だけでもおでんを売ってくれる店があるとか、町そのものに命を守る安全装置みたいなところがあったから帰りたいんだと思うんですよ。

早川　そのとおりですね。「町そのものに命を守る安全装置がある」というのはいい言葉ですね。居住福祉の理念と同じです。子どもや主婦にとってもそうなんですけど、特にお年寄りですね。

お年寄りには、知っている人がいる、誰かに相談できる、買い物に行ける親しいお店がある、ということが非常に大事なんです。また、年を取りますと持病とか慢性病とかがあって病院に何回も通わないといけない。だから、自分の体のことをよく知っているお医者さんがいる、そういう環境がある町に戻らないと、生きる意欲が出てこないんですよ。「住む」という字は、にんべんが「人」を意味しますから「人が主」と書くわけで、全人格、全人生を支えているのですね。ノーマライゼーションという言葉がありますが、住み慣れた町で人生を継続するというのが、お年寄りの理想的な生き方、居住形態だというのはもはや常識になっています。阪神大震災後に行政はそれと正反対のことをやっているんですよ。

「家を持つのは男の甲斐性」は日本だけ

古屋　日本の戦後復興の過程でも住宅をどうするのかという課題にぶつかったと思うんですが、阪神大震災後の復興でもそのときと同じことをやっているのでしょうか。

早川　同じ発想だと思います。なぜそうなるかというと、住居と人間の心身や暮らしの関わりについての認識が、住宅政策の前提にないといけないのですが、それが欠けているからです。私は一九七九年に『住宅貧乏物語』（岩波新書）を書いて、住居が貧しいとどういうことが起こってくるのかということを明らかにしました。どういう住宅にすべきか、住宅が悪いとどうなるかを示せば、労働力を集めるとか、不動産屋が儲けるといった、効率一辺倒の日本の住宅政策が少しは変わるかと思ったんですが、全然変わっていませんね。

住居にさえ不安がなければ少々不景気がきて失業しても、賃金が下がっても、なんとか生きられます。しかし住宅がなかったら、路頭に迷います。ところが、日本は社会政策どころか自助努力ですね。これはもうたいへんです。神戸の震災でも年金暮らしで古い家に住んでいた方がたくさん亡くなっている。そういうことになる状況がいまの日本を累々《るいるい》と覆っているわけです。

古屋 文化住宅と関西では言いますけれど、家賃の安い木造住宅に住んでいらしたお年寄りが多かった。言ってみれば戦後の復興できちんと安全にした町を作れなかったことの犠牲になったとも言えるわけですよね。

早川 そのとおりですね。阪神大震災は「住宅災害」「高齢者災害」でした。住宅をよくすることが震災の教訓であるにもかかわらず、政府も自治体もいっこうに方向転換しようとしない。去年の住宅宅地審議会の答申は、住宅供給はもっと市場原理に任せるべきだと言っています。これでは高齢社会が成立しない。

古屋 いまはバブルが壊れて、住宅が安くなるというふうに一般的には思われているわけですが、それでもなかなか、自助努力では手が届きませんよね。

早川　無理してなんとか手に入れようとするわけですから、遠距離通勤とか、お母さんがパートに出ていつも家にいない孤食の問題とか、いろいろな矛盾でストレスが起こります。僕は最近起こっている子どものいじめとか虐待とかには、親のストレスの反映があるのではないかという気がしています。少子化もそうです。子どもを産んでも育てる場所がない、費用もたいへんです。これも結局、住宅問題だという気がしますね。

古屋　しかし、経済大国と言われる日本が、住宅でなぜこんな状態になっているのかということは、世界中が注目していますよね。

早川　そうですね。一九四八年に世界人権宣言がありましたが、これは宣言で法的拘束力がない。それで、のちに国連が国際人権規約を採択し、日本もこれを批准しています。この国際人権規約には自由権規約と社会権規約があり、後者の中に適切な居住の権利というのが定められているのです。そして、五年おきに、どの程度実現しているかを報告しなければならない。ところが、日本はこれを長く怠っていたわけです。

報告については、「あなたの社会で、住宅に関して弱い不利な立場にあるグループについて、詳細な情報を出してください」などの、レポートのガイドラインがあります。日本政府は一九八八年にやっと二回目を提出したのですが、それが非常に誠意のないものだという評価を受けて、改めて注文が来たのです。「日本におけるホームレスの数、強制立ち退きの数を詳細に出してください」「阪神大震災の犠牲者が、もとの生活を取り戻すために日本政府がとった処置について情報提供してください」などですね。

こうしたことを見ても、日本政府に居住の権利という概念がないことは明らかですね。家を持つのは男の甲斐性だなどと言うわけですから。そんな国は世界中にほかにないでしょう。もちろん、持ち家がやみくもに悪いわけではない。低所得者であってもちゃんと収入の範囲内で、人間にふさわしい住居に住むことが保障され、そのうえで持ち家を持てる人が持てばいいわけですよ。

ところが日本の場合は、そうなっていないから持ち家にしがみつくしかないわけです。それでローン地獄におちいったり、少しでも安いものをと思うから欠陥住宅に泣かされることになる。住宅残酷物語ですね。子どもをいい学校に入れるのも、将来、賃金が高い会社に入れたいという思いがあるからでしょう。妙な悪循環になっていると思います。

研究は社会生活にいかに寄与するかが大事

古屋　さて、早川さんはどうして住宅建築の道に入られたのですか。

早川　私の父は神主で、奈良市内の神社の宮司でした。また母親の里はお寺で叔父は大僧正です。ですから、叔父や叔母、いとこやその奥さんにその関係の人がたくさんいて、しょっちゅうお寺や神社に行っていたんです。

それから僕の高校時代の先生に京大文学部の哲学と美学を出た人がいまして、その先生がよく奈良のお寺に連れていってくれたのです。そんな中で古建築や仏像に非常に興味を持ちました。東大寺や戒壇《かいだん》院や春日大社は庭のようなものでした。

中学生のころからそんな環境で、暇があれば古建築を見て回るようなことをしていたものですから、自然に建築をやろうと思って……。

古屋　それで京都大学の工学部、建築学科にお入りになったんですね。

早川　ええ。そこに西山夘三先生という方がおられたんです。一般に、建築物は、ホールにしろ住宅にしろ、建築場所や予算、使用目的といった設計条件のもとで、どうデザインするかということが中心になるから、建築科に入る人はデザインのほうにいくわけですよ。ところが西山さんの発想は、個別の住宅じゃなしに国民の住宅総体をよくするためにはどうしたらいいのか、という発想なんですよ。国民の住宅をよくするためには政府がどういう立場でどんな政策をとるべきか、この地域の住宅事情はどうなっているのか、いい住宅とはどのようなものか、というふうなことをやっていたわけです。非常に論理的だし科学的で、僕はたいへん興味を持ち、そういうことをやろうという気になったわけです。

古屋　早川さんは、長年、建設省の建築研究所でお役人をしていらっしゃいましたね。

早川　役人というわけでもないんですが（笑）。僕らが卒業した昭和三〇年というのは、ものすごい不景気でね、公務員試験を受けても四〇倍から五〇倍だったんですよ。僕も落ちました。それで大学院に入っててちょうど一年たったときに、住宅公団ができたので、そこに入りました。それから五〜六年したら、いまの建築研究所に来ないかと誘いがあったわけです。そこでは主に土地問題の研究をしてほしいということで、土地とか住宅の問題を研究することになった次第です。

古屋　お役人に歯に衣着せずズバリとおっしゃる早川さんが、建設省におられたとはなんとなくおもしろいですね（笑）。

早川　もう、けむたがられましてね（笑）。ただ、研究者というのは何をすべきかということは、いろいろ考えましたね。やはり、学問・研究というのは本質的でないといけないわけです。人間とか現代社会に自分の研究がどういうふうに寄与するのか、ということが大事なんですね。時代の課題に答えると同時に、そのリーダーシップをとらないといけないのです。

住民参加型の町づくりが活性化の原点

古屋　公共事業の見直しということもさかんに議論されていますが、早川さんは必要な公共事業はある、ただし、大型公共事業ではなく、生活を支える公共事業を考えるべきだとおっしゃっていますね。

早川　たとえば神戸の話をしますと、全国の失業率が約五％ですが、兵庫県は六％から六・五％。神戸は一〇数％なんです。震災後、非常に短期間に一〇兆円近くの巨額の復興公共投資が行われたわけですから、いまごろは復興景気に沸いていていいはずなんです。それが閑古鳥が鳴いている。原因は大型の公共投資です。震災前と同じ橋とか道路とか、それに市営空港とか。住宅でも巨大な高層住宅を作るわけです。それも県外からゼネコンを連れてきて、大資本がやる。それでは地元の工務店とか商店はまったく潤わないわけです。

そして、できあがるものは相変わらず産業基盤であったり、五千万円の高層分譲マンションだったりする。そんなもの売れないし、被災者は入れない。長田にたくさん建っていますけど、空家がいっぱいです。そういう震災前と同じような公共事業を十兆円かけてやると、景気回復に役立つと言いますが、まったく関係ないですね。そうではなく、まずいまある住宅を修理するとか、高層ではなく二、三階建てぐらいの小規模の集合住宅を作るとか、市民生活をよくすることをしていけば、地場産業が潤うんですよ。そういうふうに考えないといけないのです。

古屋　同時に、早川さんは町づくりの主体は住民でなければならないとおっしゃっていますね。理由は二つあって、一つは「町は住む人のためにあるからだ」と、もう一つは「市民の住む能力の発展が必要だ」と。住む能力というのはどういうことでしょう。

早川　先ほども言いましたが、住むというのは人が主と書く。だから、住む主体、住人が参加しないと住みやすくならないんです。神戸の復興で、孤独死や自殺が相次ぎ、人々が生きる意欲を失っている根本の原因は、復興計画に被災住民やその代弁者が全然参加していないことなんです。役人とか専門家と称する人たちが入ってきて、勝手に机上のプランを立てているだけです。

では住民が参加するといった場合に、住民自身に住まいや町についての認識と知恵がないといけないわけです。それが住む能力です。よく地方分権と言われますが、分権を担う自治体の構成員である市民が賢くなって、どういう町を作るかという能力を発展させるということがないといけないんですよ。その能力をいかに発展させるかということが、自治体なり政府の役割なんですね。神戸市の場合はそれを摘んでしまった。押さえつけてしまったんです、育てるのではなく。

古屋　行政が先にやってしまったから、住民にそういうものが育たなかったとも言えるわけですか。

早川　いや、そうではなくて、もっと強権的です。神戸には住民運動がないと言う人がいますが、そんなことはないんです。僕が神戸に移って二〇年ちょっと経ちますが、開発、開発の連続ですから、反対運動はすごいんです。裁判を起こしたり、陳情したりですね。それを全部押さえ込みつぶしていくんですよ。しかし、実は反対運動の中に、住民の立場に立った町づくりの原点がある。それを育てていくことが住民参加の町づくりにつながっていくんです。神戸市はそれを怠ってきたわけです。

二一世紀は予防医療、予防福祉

古屋　亡くなられた司馬遼太郎さんが、早川さんの学問を支えているのは「愛と義憤」、いわば隣人へのいたわりが基礎になっているというふうにおっしゃっていたのですが、いかがですか。

早川　自分でもそうだと思います。イデオロギーで動くのでなく義憤です。作家は人を見抜きますね。おかしいことはほっとけないんですね。

古屋　要するに誰のための学問なのかということになれば、住んでいる人のことを考えているということが唯一の正義ですよね。

早川　そうです、そうです。自分の専門分野、専門領域を通じて本質的な課題を論理的に明らかにしていかないといけないんです。そうすれば必然的にいまのような考えになっていくわけですよ。

古屋　二一世紀になって、人々の安心な生活を考えると、住宅は一つの大きな鍵になりそうですね。

早川　そう思います。二一世紀の日本を考えてみた場合に、いろんな問題が横たわっていますけど、われわれは地球上のどこかに住んでいるわけですよ。そこで安全に安心して「住む」ということができなければ、生きていけないわけです。それは世界の課題でもあります。

高齢社会に向けて、医療も充実しないといけない、福祉も充実しないといけない。それはわかります。わかるけれども、大事なのは病気になる前の予防医療、寝たきりになる前の予防福祉ですね。その際に、住居の状態というのが大きく関わってくるんです。つまり、居住状況をよくすることで病気にならない、寝たきりにならない、お年寄りがどんどん町に出ていく、そこには自分が参加できるような施設がある、ということになれば病気の予防にも寝たきりの予防にもなるわけです。

もう一つ言いますと、原発・電力の問題も居住環境と深く結びついている。いちばん電力を消費するのは夏ですね。クーラーを使いますからね。しかし、クーラーではなく、緑陰や水辺を増やしてそこから涼をとるといった方向で考えていけば、消費量は減るわけです。緑のある環境を作るというのも居住福祉の一つですが、そうすることで地球環境にも寄与すると思いますね。二一世紀の地球環境問題は居住を考えることなしには語れないと思います。

古屋　早川先生の辛口のお話の中に、町づくりへの情熱と、住む人へのいたわり、やさしさを感じました。これからも住民の立場で、ズバッといろいろ言ってくださいますでしょうか（笑）。

早川　そう心がけるつもりです。なかなか簡単に理解されないし、けむたがられていますが（笑）、それを研究し、発言することが学者の社会的責任だと思いますね。学問の自由は保障されているのに、いまの学者や研究者は権力に追随したり、レポートを書けばいいというふうになってしまって、思想的な部分を考える人は少なくなりましたからね。

初出：古屋和雄編『ＮＨＫラジオ深夜便　わたしの新幸福論』日本放送出版協会、二〇〇二年四月

五、命を守る「居住福祉」

聞き手　西橋　正泰
（ＮＨＫラジオ深夜便アンカー）
早川　和男

西橋　早川さんはご自身、阪神・淡路大震災のときは被災者でいらしたわけですね。
早川　ええ、もちろんそうですね。私はマンション住まいなんですが、やはりひどい揺れで、本棚が倒れたりたくさんの茶碗や置物が割れたりしましたですね。まあ幸い建物自身には大きな被害はなかったですけれども。
西橋　さっそく、建築学の専門家として被災地を歩かれたわけでしょう。
早川　ええ。その日は揺れ戻しがあるとまずいというので、ずっと家にいましたけれども、翌日からずっと被災地を歩きました。

日常の居住福祉施策が防災対策

西橋　そのご体験、それからその後のいろんな調査も含めて、阪神・淡路大震災の教訓というのは、建築学の先生の立場からはどんなふうにご覧になっていますか。
早川　建築学というか、もう少し広い視野になると思うんですが。やはり一つは住宅災害ということですね。地震で直接亡くなった方はほとんどが家の倒壊と関係があった。僕は「住宅災害」と呼んでいるんですが。内容をさらに詳細に見ていきますと、お年寄りが多い。なかには大きな家もありますけれども、一般には年金暮らしの人たちは、老朽化した家に住んでる方が多かったわけです。あるいは生活保護の方なんかは一般市民の五倍の死亡率なんです。
　それから障害を持つ方々ですね。家賃をあまり払えないから古い家に住んでいる、あるいは被差別部落の住民、在日の人たちとかですね。こういう人たちは一般に貧しい住居に住んでおられた。それがこの地震を契機に命を失ったり大きな被害を受けられました。
　ところで、こういう災害が弱者に襲いかかる被災の階層性というのは以前から指摘されてきたことですが、私がもう一つ注目するのはそれが日常の居住差別の延長線上にあった、ということです。一口で言いますと戦後の日本の住宅政策というのは、自分の甲斐性で家を取得しなさいということだったですね。ですからお金のある人は一般に安全な家に住めるけれども、そうじゃない人は違う。住んでいる場所も密集した地域ですから、いったん火が出たらあっという間に燃え広がってしまう。そしてこれらの人々はまともな家を借りられない、貸してくれない、という日常的な居住差別に遭っていた。被災はその延長線上にあった、ということを強く感じましたね。

西橋　考え方として日常が大事だということが、非常にリアルに浮かび上がるわけですね。

早川　そうなんですね。仏教の言葉に「平常心是道」というのがあるんです。禅の言葉らしいんですが、これはつまり仏の道というのは、特別のものではない、平常の心の持ちようなんだということなんだそうですが、今回の災害も同じです。そういう目で見ていきますと、他にもいっぱいあるんです。

たとえば、小中学校の講堂だとか体育館の避難所で、なんと九〇〇人以上が亡くなるんです。一月、二月の寒いときでしょう。そういうときに暖房はない、薄い毛布、布団一枚で寒さをしのぐ。多勢の人が風を引く。なかには肺炎になったりする。トイレが遠いから我慢して膀胱炎になったり、夕方から水を飲まないと脳梗塞になったりして亡くなる。

ところが老人ホームなどの福祉施設に収容されたお年寄りはみな助かったんですね。なぜならそこはそんな大きな部屋でないし、布団もあるし、若干の暖房もある。介護士や栄養士さんもおられる。

それから避難所では食べられなかった固い塩だらけのおにぎりも、お粥にして塩分を抜いて食べさせてもらえる、体も拭いてもらえるということで、命を落とすことにならなかったのです。そして地域の老人を訪ねていって、同じようなサービスをされた。これはね、もともと老人ホームというのは身心の弱ったお年寄りの命を守り、健康を守り、暮らしを支える施設でしょ、命を守るというのはその延長線上にあったわけです。

日常的に安全や健康を守る行政というが、いざというときにお年寄りの命を守った。それで、僕は老人ホームは防災施設だと思うんです。ところが私の住んでる神戸市の場合は、震災当時は一二の政令指定都市の中で老人ホームは必要な人数に対して最低水準だったんですね。しかもほとんどが六甲山の奥のほうなどに多かった。

公園も同じですね。公園というのは日常的にお年寄りの憩いの場であったり、子どもが遊んだりする。あるいは通風空間、オープンスペース、緑陰を提供するなど、生活環境としては非常に大きな役割を果たしている。ところがいざ火災になると延焼防止の役割を果たすわけですね。

神戸市は、街の中の街区公園というのが、正確にはわからないんですが、公園の二〇%以内だと言われているんです。あとは新規開発地などに多い。日常的に子どもからお年寄り、主婦などの健康や遊びに役立つような公園が少ない。それで火を止められなかった。

日常的に市民の安全や福祉や生活環境に力を注ぐことが防災になるということなんですね。

中国の孟子はこんなことを言ってます。「道は近きにあり、人かえってこれを遠きに求む」と。日常の市民の生活環境や福祉に力を入れないでおいて、空港とか高速道路が防災だというのは、これは方向が違うんじゃないか。こういうのが僕の震災から得た最大の教訓だったわけです。

西橋　お話を伺ってますと、日ごろから社会的な弱者に対して優しい町、配慮がきちっとされていてそれに対する対策が打たれている町は、いざ災害というときにそういうことが全部生きてくるということですね。

早川　そうです、そういうことですね。それをしないで防災は成り立たないです。だから防災対策というのは行政で言うと、防災対策課だけの仕事でなしに、福祉だとか、生活環境とか、すべての分野に関わるわけですよ。

西橋　一見、日常的には弱者への施策のように見えていることが、本当は市民全体に大事なことだということを、災害のときに教えてくれるわけですね。

早川　そういうことですね。

生かされない震災の教訓

西橋　そういう早川さんのおっしゃる教訓が生かされてきたんでしょうか。

早川　震災の年の八月に政府の住宅対策審議会というのが開かれるんですが、その席上で住宅政策はもっと市場原理にまかせるべきだ、と言うのです。その委員に兵庫県の知事と神戸市長が入っている。さらに新しい法案が次々に提出され、住宅政策はもう根本的にやめる。たとえば公営住宅はもうほとんど建てない、公団は民営化する、公庫も民営化する、じゃあどうするのか、いまある公営住宅から少し収入の多い人は出ていってもらう、そのあとに低所得者などを入れる。住居は生存の基盤ですから大変なことになると思うんです。老人や障害者や低所得者が集まってしまう。政府のゴールドプランなどが強調する「ノーマライゼーション」の精神に逆行してるわけですね。

西橋　最近発覚した問題として、いまなお渦中にある問題として、耐震強度偽装問題というのが出てきましたね。

早川　あれはね、戦後の建築行政、住宅政策のマイナスの側面の結晶みたいなもんじゃないかと思うんです。いまの住宅政策というのは市場原理ですからね、自分の力で家を建てられる人はいいですが、そうでない人は公営住宅に頼らざるを得ない。西洋諸国と比べると、比較にならないほど少ない。だいたい西洋諸国は一五％以上、二〇％ぐらいあります。公営住宅が。日本は五％、家賃の高い公団住宅を入れても七％ぐらいです。そうなると建売住宅とかマンションを買わざるを得ないでしょう。

特に現在不況でしょう。そういう中で無理に建売とかマンションを購入するということになると、そういう物件を探さないといかん。業者のほうは少しでも安いものを作らないと売れない。ですから床が傾くとか、雨漏りがするとか、建具がきちんと閉まらないという欠陥住宅が以前から問題になってきて、どんどん増えている。耐震偽装問題はそういう欠陥住宅の一環であると、僕は思っています。

耐震偽装問題というのは、建築確認の民営化とか建築家のモラルの欠如とかが指摘されています。それは間違いじゃないんですが、問題の本質は、現在の住宅政策が自助努力、市場原理にある、それがそういうものを構造的に引き起こしてるんだと、これが僕の考えです。

西橋　つまり市場原理まかせにしないということは、行政が住宅政策としてきちっとしたものを持って、行政がそこをリードしていくということですか。

早川　戦後、同じように戦災を受けた旧西ドイツとかイギリスは、だいたい半分前後の住宅は社会政策として行うんですよ。お金のある人は自分で家を建てられるかもしれないけれど、一般庶民はそんなことできませんからね、安全な家は。

神戸市は「自治体耐震偽装だった」

早川　日本ははじめから個人の力ということでやってしまったわけですね。その結末が今日の日本の状態で、マイナス遺産と言いますか、欠陥住宅、老朽住宅、劣悪住宅が全国津々浦々に広がりました。厚生労働省なんかは在宅福祉ということを、介護保険で言ってますが、とてもじゃないけどいまのような住宅事情では、ひと揺れくれば倒れるし、日常的にヘルパーさんがいくら頑張ってくださっても、介護なんかできないですよ。だから老人ホームの待機者がふえる。

もう一つ、耐震偽装と言えば、神戸市の場合は市ぐるみが耐震偽装だったんじゃないかと思うんです。というのは一九七四年に京都大学と大阪市立大学が神戸市の委託を受けて研究レポートを出すんです。この中には近い将来、神戸には大地震が起こる、そのときには大被害を受けます、だからいまからその対策をしないといけないということを答申するんですよ。

西橋　震災の二一年前ですね。

早川　二一年前です。ところが当時の市長は、防災委員会で、そんなことしたら開発行政に金を回せないと、はっきり言うんですよ。これはそこに出ていた専門委員の人から僕らは詳しく聞いたんですが。それで防災対策は最低、震度六以上にしないといけないというのを、五・五にしてしまうんです。その結果、非常に地震にもろい町になってしまったわけです。法律で決められた広域避難広場を持つ地下耐震貯水槽は一つもない。水道管は壊れるし、九百いくつの耐震貯水槽も壊れて水が一滴もない。消防士は水が出ないと叫ぶ。これはいまの姉歯問題と同じで、神戸という町全体が地震に弱い、自治体耐震偽装です。これは誰も言わない。誰も責任をとらない。当時のマンションなんかも設計図が残っておれば、倒れたマンションの設計図を調べなければいけないけれども、神戸市のさまざまの公共事業の計画などがどうであったかということを調べることも必要かなあというふうに思っています。

西橋　そのことは、これから起きる東海地震とか東南海とか南海地震に備えて各自治体がいったいどういう強度を想定して、対策を立てているかということにもつながっていくわけですね。

早川　町全体の社会資本といいますか、インフラストラクチャーがどういう耐震基準で作られているのかということのチェックが大事ですね。

「居住福祉」に至る経緯

西橋　早川さんは建築学がご専門なんですが、日本居住福祉学会の会長でもいらっしゃるわけですね。そこの思想に至る経緯を少しお話いただけますか。

早川　僕は大学の建築学科に入ったのですが、一般に建築学科をめざす人たちは、安藤忠雄さんのようなスター建築家を夢見るわけです。華やかなね。僕の場合はちょっと違っておりまして、私の先生だった西山夘三さんの影響もあるんですが、国民大衆を対象にして、住居をどういうふうに良くしていくか、という発想に立つわけですね。個別の家を建てたいという施主の場合は、予算はいくらですか、家族構成はいくらですか、どういう職業ですかといろいろ聞くでしょう。それに対し国民大衆の住宅を良くしていくという課題を立てますと、どれだけお金かかって、皆どれだけ出せるのか、どういう暮らしをしているのか、洋風和風などの住様式の将来はどう考えるべきか、あるいは家族構成はどうなっていくのか、通勤時間はどうすべきか、そうした国民が置かれているいろんな状態の中で住居と家族の生活とかを調べて、将来のあり方を展望しないといかんわけです。国民諸階層それぞれは何を住居に求めているのかというふうに、半分社会学のように進んでいくわけですね。

大学を出てすぐに東京に出たんですが、美濃部さんが知事になられてすぐに私と数人に、住宅白書を書いてくれという依頼がくるんです。私はその巻頭の論文を書くんですが、政府のほうでも建設白書というのがあって、その中に住宅白書っぽいものがあるんです。世帯数に比べて戸数が足りているかとか、床面積の推移とか、そういう統計数字が出てくる。それも必要なんですが、私は白書という以上は、いま日本人が置かれている住宅事情はどんなものか、住居というのは子どもからお年寄りまで暮らしの器ですから、そこで子どもが育ち、体を休め、お年寄りが老後を憩う、そういうことに住宅事情がどういう影響を与えているか、ということを明らかにするのが住宅白書の本当の狙いじゃないかと、こういうふうに考えるわけです。

昭和二〇年までは住宅政策というのは厚生省に属していたわけです。それでお医者さんなんかもずいぶん入ってたんです。大学の建築学科を出て政府機関につとめると厚生技官になるわけですね。住宅が悪いと持病が増えるといったことがあとでたくさん明らかにされるんです。家が狭くて這い這いしてないから、腕の力がないから転んだらすぐおでことか歯を折ってしまう、そういう健康とか、子どもの発達とか、お年寄りも老後、安心して住めないということがはっきりしてくるわけですね。

結局考えてみたら、これは何だと、基本的人権の問題ではないのか。六畳一間に四人が住んで、専用のトイレもお風呂も台所もない、陽も当たらない、こんなところに住んでいて人権が守れるわけがないですよ。そういうふうに考えていくのです。

それから僕は日本女子大の社会福祉学科に非常勤で一〇年ほどつとめていたのです。一番ケ瀬康子先生は非常に先見性のある方で、いまから三〇年以上も前の七〇年代に私に社会福祉学科で都市問題を講義してくれと言われるんです。都市・住宅問題を抜きに社会福祉は成立しないと考えておられた。で、そこの図書館を全部洗いざらい調べるとか、労働科学研究所の図書館にも調べに行った。労働災害も家が貧しいと非常に起こりやすいんですよ、疲れが取れないから。その他、教育関係の図書館へ行って、学校教育と住の関係のレポートがいっぱい出ているんですね、それらを調べまくったわけです。そして都の『住宅白書』(東京都住宅局、一九七一年)になるわけです。住居の状態が悪くては、人権は守れない。まともな人間らしい家に住むということは、基本的人権である、それが侵害されているというふうなことを、当時から言うことになるのです。それが、あとで『住宅貧乏物語』（岩波新書、一九七九年）になります。

それとは別に、私は、一九七七年に科学技術庁の派遣で四か月ほどヨーロッパ、特にイギリス中心に調べに行く。八一年から八二年にかけては一年間、文部省の海外研究員として住宅政策の勉強に行く。当時はいろんな運動があったんですが、特に際立って住宅占拠運動というのがあって、たとえば、空き家に若者が入り込むといった運動が世界的に燎原の火のごとく広がっていたんです。コミュニティ再生運動も活発でした。専門家を訪ねると、そういうところに連れていってくれるんです。話をすると、やはり住宅人権運動の長い歴史があるんですね、ヨーロッパには。

三つの調査――健康、子ども、高齢者

『住宅貧乏物語』は日本の住宅事情が人間と社会に与えている影響を、既存資料を活用して書いたものですが、神戸大学に赴任後、住居の状態と健康、子どもの発達、高齢者福祉との関係について独自の調査の必要を感じていました。

一九八七年に保健医の団体（保団連）の協力を得ました。保健医は往診で住居の状態を見ます。患者の疾患との関係がわかる立場にいます。

子どもと住居の関係は、尼崎市教職員組合が協力してくれました。小中学校の先生は家庭訪問

し住居や家庭を観察する機会がある一方で、児童の健康、情操、成績等を掌握しています。

高齢者の居住問題は、老人ホーム入居者の施設への入居理由などを通じて高齢者の置かれている住宅事情を知ろうとしました。兵庫県と神戸市の老人福祉施設連盟の全面的な協力を得て、一九八八年一月現在兵庫県下に存在する全老人施設九二の全入居者を対象に調べていただきました。

これらの調査結果は『居住福祉の論理』（東京大学出版会、岡本祥浩・共著、一九九三年。日本生活学会・今和次郎賞）にまとめましたが、タイトルをどうするか悩みました。『住宅貧乏物語』では住居は人権とか、人間や社会への影響を書きましたが、住居が良くなければ福祉は十分機能しない、社会保障も成り立たない、と考えていました。それで『貧乏物語』を住宅事情の診断書とすれば、処方箋として「住居は福祉の基礎」という理念の『居住福祉』という考えに至るのです。

それで、岩波書店から新たな新書の依頼があったとき、『居住福祉』（一九九七年）を書くのです。前著の『貧乏物語』が日本の住宅事情の診断書とすれば、これは処方箋です。この本に敏感に反応して下さったのは福祉関係研究者でした。そのあと押しで、二〇〇一年一月、日本居住福祉学会が発足しました。

「居住福祉」とは

西橋　居住福祉という理念ですけれども、そこをもう少しかみ砕いてお話しいただけませんか。

早川　はじめに「日本居住福祉学会の設立趣旨」を紹介させていただきます。

人はすべてこの地球上で生きています。安心できる「居住」は生存・生活・福祉の基礎であり、基本的人権です。私たちの住む住居、居住地、地域、都市、農山漁村、国土などの居住環境そのものが、人々の安全で安心して生き暮らす基盤に他なりません。

本学会は、「健康・福祉・文化環境」として子孫に受け継がれていく「居住福祉社会」の実現に必要な諸条件を、研究者、専門家、市民、行政等がともに調査研究し、これに資することを目的とします。

ここには二つの理念があります。一つは、先ほど来お話している、住居は生存や生活や福祉の基盤である、ということです。在宅福祉一つとってみても、部屋が狭くトイレや浴室が不備で段差が多く環境が悪ければ、ヘルパーや看護師がいくら頑張ってくださっても、在宅は困難です。だから老人ホームへの待機者数は増える一方です。また、リストラに遭ったり病気になって、家賃やローンが払えなくなったらどうしよう、などなど。住居が安定しておれば仮に年金が少なくても何とか生きのびられます。

ですから、西欧諸国では早くから「福祉は住居に始まり住居に終る」という認識に立って福祉政策・社会政策の一環としての居住保障政策に取り組み、近代福祉国家の基礎を築いたのです。

もう一つは、良質の住居や居住環境などストックによる福祉です。日本の福祉政策はすべてお金やサービスなどのフローが中心で、これはいわば消費です。高齢社会化とともに医療費、介護費用などは際限なく増えていきます。それに対し、住居や居住環境はストックです。いったん良質の居住条件ができたら、孫子の代まで引き継がれていきます。

これからの時代は、予防医療・予防福祉が重要で、その根本は居住保障、居住環境の改善です。「生活習慣病」への対応のような個人的努力も必要ですが、社会的予防が大切で、その中心は住居の改善であり居住政策なのです。先に紹介しました私の健康、子ども、高齢者の調査などはその基礎研究と言えるものです。しかし、日本には未だにそういう認識は希薄です。

以前に大連老年学会で居住福祉について講演したんです。そうしたら中国では紀元前二世紀からそういう考えがある、それは「安居楽業」というのだと。つまり安心して生活し生業を楽しむ、それこそが政治の根幹と言います。

現在、毎年、日本、中国、韓国で居住問題の会議をやっています。二〇〇五年の奈良での第六回会議では「東アジアにおける居住福祉の伝統と文化」というテーマで会議を開いて、「東アジア居住福祉宣言」を採択しました。中国は社会主義とは言いながら市場原理が広がって、貧富の差が拡大していますが、その一方で居住の権利というものを確立していかないといけないということを言い出す人たちも出てきまして、私たちは一緒にやっています。

いま世界で高層住宅をやってるのは中国、日本、韓国が中心なんです。ヨーロッパはみなその欠陥に気がついてやめてるんです。高層住宅は子供やお年寄りを孤立させるというので、爆破したりしている。日本も中国も韓国も住居の東洋思想と言いますか、伝統があるわけですね、そういうものを生かそうじゃないかと。

この間上海へ行ってきましたら、いままでは里弄《リロー》住宅といって、日本の長屋みたいのがあるんですが、それを再開発して高層化していました。それをやめようじゃないかと。低層の住宅はコミュニティが維持されていて、お互いに助け合ってる。古いものは仕方ないけれども、まだ使えるものは修理して使おうと。中国全体のことはわかりませんが、住宅政策に関してはそういうふうに急転回しています。韓国でも低所得層向け公共住宅の一〇年間・一〇〇万戸建設が始まっています。日本だけが逆行しているのですね。

東アで居住福祉宣言

西橋　東アジア居住福祉宣言というのは、骨子としてはいちばん何を強調されているんでしょうか。

早川　これもはじめに、宣言文の前文と項目を紹介させていただきます。

人はすべてこの地球上に住んで生きている。安全に安心できる居住は人間生存の基盤であり、基本的人権である。二〇世紀は、戦争と破壊、植民地支配、災害、貧困、失業などによって多くの人々を難民、ホームレス、劣悪居住、居住不安等々に追い込み、人間としての尊厳を損なった。

これに対し、国連憲章、世界人権宣言、国際人権規約、ハビタット・イスタンブール宣言等は「適切な居住の権利」「持続可能な地球環境の維持」などを掲げ、各国政府はその実現を約束した。

私たちは、これらの基本的な居住の権利、人々が適切な住居に住み、人間の尊厳をもつて、安全に安心して暮らす状態を、「居住福祉」と呼ぶ。「居住福祉」は、人間の生存と幸福の基礎条件であり、人としての基本的権権利であり、人類社会が実現しなければならない目標である。

すべての人々は居住福祉の確立の必要性を真摯に受け止めなければならない。各国政府は、人々が適切な居住の権利を享受でき、居住福祉が確立されるよう、国際条約、国際会議における取り決めを誠実に履行しなければならない。

それと同時に、アジアでは、西洋近代化への過度の傾斜によって、東洋固有の居住の知恵が閑却されている。自然の摂理と地域を尊重する伝統文化が省みられず、地域共同体の解体、資源・エネルギーの浪費、生態系の破壊など、居住福祉環境の悪化を招いている。

二〇〇〇年に発足した「日中韓居住問題国際会議」は、各国が直面する居住をめぐる諸問題の解決を目指して研究交流を進めてきた。本会議は、西洋近代主義をその価値観とともに見直し、人類のよりよい生存と幸福に貢献するために、東アジアと世界に向けて、以下を宣言する。

一．居住福祉の理念の樹立
二．社会的排除と居住に関わる差別の禁止
三．人と自然の調和と共存
四．地域固有の文化の尊重
五．居住福祉資源の評価と有効利用
六．居住福祉の予防効果

七. 居住福祉実現の主体

八. 国際連携・協同の強化

宣言の趣旨はこれでだいたいおわかりいただけるかと思いますが、中国・韓国側と事前に何回もやりとりし、二〇〇五年一一月三日採択しました。そのやりとりでいちばん「居住の権利」についての「政府の責務」を強調したのは、中国でした。中国の学会会長の周幹峙さんは元建設副大臣で、いまは中国科学アカデミー会員、清華大学教授、国会議員などを兼ねた実力者です。こういう人が居住権について熱心なのは、先ほども触れましたが心強い。

東アジアというのはいま、いろんな分野で注目されてますが、この居住の問題についても、われわれが安心して生きられる社会を作る。地球環境や平和の問題もみなその延長線上にあるんですよということで、居住福祉学会としてはこれからも中国や韓国と一緒に取り組んでいきたい、と考えています。

西橋 早川さんは日本居住福祉学会の会長でいらっしゃるわけですけれども、二〇〇一年にこの日本居住福祉学会を設立されて、今日まで五年たったわけですね。その間に、先ほど欧米では住宅の権利運動が以前からあって、広がってきたんだというお話がありましたけれども、日本の住宅権利運動と日本居住福祉学会が連携するような形で、具体的に前に進めているような事例というのは、何かございますか。

早川　一例を挙げます。京都府宇治市に「ウトロ」と呼ばれるかつての朝鮮人集落があります。ここに住む人たちの住居の状態はひどいものですが、それさえも敷地を買いとった不動産業者が裁判にかけて住民の追い出しをはかります。日本居住福祉学会はそこで何度も集会を持ち、問題の所在を議論しました。前述の国際会議が韓国で開かれた際も一人の会員が発表し、地元の新聞、テレビが大きく取り上げました。韓国政府も外交官が現地を訪れたり土地の購入資金を援助するなどしました。

そのほか、設立趣旨にあるように、居住権を守る運動や居住福祉の実現に取り組むさまざまな人たちを現地を訪ね、そこから多くのことを学ぶというのがこの学会の基本姿勢です。訪問先が、強制立ち退きに遭遇している人たちの場合もあります。

また、居住福祉ブックレットというのを、二〇〇六年の三月から出しています（東信堂）。その中には政府の住宅政策の動向の批判的解説や世界の借家人運動の紹介、障害者が抱える居住問題などなど、さまざまのテーマが予定されていますが、いま居住福祉学会としては根を掘り起こしているというところです。これからというところですね。

西橋　さっきおっしゃった、住まいを、男の甲斐性とかそういう問題ではなくて、人間が命を守る権利としてとらえて、社会的運動に広げていくということが、これからの日本にもとっても大事ですね。

早川　そうなんですね。そういうところに、丸五年たってやっと軌道に乗り出したというところですね。今年の五月の大会は和歌山でやるんです。テーマは高齢者、障害者の居住保障、居住福祉にどう取り組むかというものです。

和歌山には「麦の郷」というのがあります。麦の郷というのは二〇幾つかの幼児から高齢までの障害者の共同作業所で、地域全体が居住福祉の町になっているんですね。日本の社会全体として、非常に遅れた意識の分野ですから、徐々にしかいかないと思いますけれども、力を入れていきたいと考えています。

初出：『ＮＨＫラジオ深夜便　こころの時代』二〇〇六年四月六日放送分に加筆

あとがき

私は対談というものをいくつかしてきたが、その中でもここに取り上げた「居住福祉」に関わるものは、いずれも貴重で、わたし自身教わることの多い内容であった。読者のみなさんに「居住福祉」という考え方を多面的に理解していただくためには有意義で興味深い内容であると考えている。対談は読み易く理解し易い。多くの読者に届くことを願っています。

収録を承認された対談者の方々に感謝申し上げるとともに、他界された隅谷三喜男、小田実のお二人に謹んで報告とお悔やみを申し上げます。併せ、編集の労をとられた二宮義隆氏に謝意を表します。

二〇〇八年一二月

早川　和男

「居住福祉ブックレット」刊行予定

☆既刊、以下続刊（刊行順不同、書名は仮題を含む）

☆01	居住福祉資源発見の旅	早川　和男（神戸大学名誉教授）
☆02	どこへ行く住宅政策	本間　義人（法政大学教授）
☆03	漢字の語源にみる居住福祉の思想	李　　　桓（長崎総合科学大学准教授）
☆04	日本の居住政策と障害をもつ人	大本　圭野（東京経済大学教授）
☆05	障害者・高齢者と麦の郷のこころ	伊藤静美・田中秀樹他（麦の郷）
☆06	地場工務店とともに	山本　里見（全国健康住宅サミット会長）
☆07	子どもの道くさ	水月　昭道（立命館大学研究員）
☆08	居住福祉法学の構想	吉田　邦彦（北海道大学教授）
☆09	奈良町《ならまち》の暮らしと福祉	黒田　睦子（㈳奈良まちづくりセンター副理事長）
☆10	精神科医がめざす近隣力再生	中澤　正夫（精神科医）
☆11	住むことは生きること	片山　善博（前鳥取県知事）
☆12	最下流ホームレス村から日本を見れば	ありむら潜（釜ヶ崎のまち再生フォーラム）
☆13	世界の借家人運動	髙島　一夫（日本借地借家人連合）
☆14	「居住福祉学」の理論的構築	柳中権・張秀萍（大連理工大学教授）
☆15	居住福祉資源発見の旅Ⅱ	早川　和男（神戸大学名誉教授）
☆16	居住福祉の世界：早川和男対談集	早川　和男（神戸大学名誉教授）
17	高齢社会の住まいづくり・まちづくり	蔵田　　力（地域にねざす設計舎）
18	岩手県西和賀町のまちづくり	高橋　典成（ワークステーション湯田・沢内） 金持　伸子（日本福祉大学名誉教授）
19	シックハウスへの挑戦	後藤三郎・迎田允武（健康住宅居住推進協会）
20	ウトロで居住の権利を闘う	斎藤正樹＋ウトロ住民
21	居住の権利―世界人権規約の視点から	熊野　勝之（弁護士）
22	農山漁村の居住福祉資源	上村　　一（社会教育家・建築家）
23	スウェーデンのシックハウス対策	早川　潤一（中部学院大学准教授）
24	中山間地域と高齢者の住まい	金山　隆一（地域計画総合研究所長）
25	包括医療の時代―役割と実践例	坂本　敦司（自治医科大学教授）他
26	健康と住居	入江　建久（新潟医療福祉大学教授）
27	地域から発信する居住福祉	野口　定久（日本福祉大学教授）

（ここに掲げたのは刊行予定の一部です）

編著者紹介

早川　和男（はやかわ　かずお）

1931年　奈良市に生まれる。
1955年　京都大学工学部建築学科卒。
現　在　神戸大学名誉教授
国際居住福祉研究所所長
日本居住福祉学会会長

主な著書

『空間価値論』（勁草書房）、『土地問題の政治経済学』『日本の住宅革命』（東洋経済新報社）、『住宅貧乏物語』『居住福祉』（岩波新書）、『新・日本住宅物語』（朝日新聞社）、『住まいの処方箋』『土地と住まいの思想』（情報センター出版局）、『老いの住まい学』（岩波ブックレット）、『欧米住宅物語』（新潮社）、『居住福祉の論理』（共著、東京大学出版会）、『安心思想の住まい学』『災害と居住福祉』『権力に迎合する学者たち—反骨的学問のススメ』（三五館）、『講座　現代居住』（全5巻、編集代表、東京大学出版会）、『高校生が考えた「居住福祉」』（共編著、クリエイツかもがわ）、『居住福祉学と人間』（共編著、三五館）、『人は住むためにいかに闘ってきたか』『居住福祉資源発見の旅』『居住福祉資源発見の旅Ⅱ』（東信堂）他

受　賞　日本都市計画学会論文賞、今和次郎賞、毎日21世紀賞他

（居住福祉ブックレット16）
居住福祉の世界：早川和男対談集

2009年2月5日　　初　版第1刷発行　　〔検印省略〕

定価は表紙に表示してあります。

編著者©早川和男　装幀 桂川潤　発行者 下田勝司　印刷・製本 中央精版印刷

東京都文京区向丘1-20-6　郵便振替00110-6-37828
〒113-0023　TEL（03）3818-5521　FAX（03）3818-5514
発行所 株式会社 東信堂
Published by TOSHINDO PUBLISHING CO., LTD.
1-20-6, Mukougaoka, Bunkyo-ku, Tokyo, 113-0023, Japan
E-mail : tk203444@fsinet.or.jp　http://www.toshindo-pub.com

ISBN978-4-88713-879-7　C3336　

「居住福祉ブックレット」刊行に際して

安全で安心できる居住は、人間生存の基盤であり、健康や福祉や社会の基礎であり、基本的人権であるという趣旨の「居住福祉」に関わる様々のテーマと視点―理論、思想、実践、ノウハウ、その他から、レベルは高度に保ちながら、多面的、具体的にやさしく述べ、研究者、市民、学生、行政官、実務家等に供するものです。高校生や市民の学習活動にも使われることを期待しています。単なる専門知識の開陳や研究成果の発表や実践報告、紹介等でなく、それらを前提にしながら、上記趣旨に関して、今一番社会に向かって言わねばならないことを本ブックレットに凝集していく予定です。

2006年3月

日本居住福祉学会
株式会社　東信堂

日本居住福祉学会のご案内

〔趣　旨〕

人はすべてこの地球上で生きています。安心できる「居住」は生存・生活・福祉の基礎であり、基本的人権です。私たちの住む住居、居住地、地域、都市、農山漁村、国土などの居住環境そのものが、人々の安全で安心して生き、暮らす基盤に他なりません。

本学会は、「健康・福祉・文化環境」として子孫に受け継がれていく「居住福祉社会」の実現に必要な諸条件を、研究者、専門家、市民、行政等がともに調査研究し、これに資することを目的とします。

〔活動方針〕

(1) 居住の現実から「住むこと」の意義を調査研究します。
(2) 社会における様々な居住をめぐる問題の実態や「居住の権利」「居住福祉」実現に努力する地域を現地に訪ね、住民との交流を通じて、人権、生活、福祉、健康、発達、文化、社会環境等としての居住の条件とそれを可能にする居住福祉政策、まちづくりの実践等について調査研究します。
(3) 国際的な居住福祉に関わる制度、政策、国民的取り組み等を調査研究し、連携します。
(4) 居住福祉にかかわる諸課題の解決に向け、調査研究の成果を行政改革や政策形成に反映させるように努めます。

学会事務局・入会申込先

〒466-8666　名古屋市昭和区八事本町101-2
中京大学　総合政策学部
岡本研究室気付
TEL　052-835-7652
FAX　052-835-7197
E-mail　yokamoto@mecl.chukyo-u.ac.jp